智元微库
OPEN MIND

成 长 也 是 一 种 美 好

光明领导者

领导者

许正 —— 著

21世纪的领导力跃升
和组织变革

Leading to Light

Leadership Ascension and
Organizational Change in the 21st Century

人民邮电出版社
北京

图书在版编目（CIP）数据

光明领导者：21世纪的领导力跃升和组织变革 / 许
正著. -- 北京：人民邮电出版社，2020.9
　ISBN 978-7-115-54549-7

　Ⅰ．①光… Ⅱ．①许… Ⅲ．①企业管理－研究 Ⅳ.
①F272

　　　中国版本图书馆CIP数据核字(2020)第135415号

◆ 　　著　　许　正
　　责任编辑　袁　璐
　　责任印制　周昇亮
◆ 人民邮电出版社出版发行　　北京市丰台区成寿寺路11号
　　邮编 100164　　电子邮件 315@ptpress.com.cn
　　网址 https://www.ptpress.com.cn
　　涿州市京南印刷厂印刷
◆ 开本：720×960　1/16
　　印张：14　　　　　　　　　　2020年9月第1版
　　字数：230千字　　　　　　　2025年2月河北第4次印刷

定　价：79.00元
读者服务热线：（010）67630125　印装质量热线：（010）81055316
反盗版热线：（010）81055315

致敬

一切圣哲先贤！

献给

未来的光明领导者

LEADING   TO   LIGHT

推荐序
领导力的美德

2019 年 11 月，精心准备了半年的"重走德鲁克之路"中国企业家环球之旅终于成行了。15 天时间，40 000 公里，40 多名企业家，从北京到维也纳，从维也纳到纽约和波士顿，再从纽约到旧金山和洛杉矶，最后回到北京，全程没有出现任何事故，没有丢一件行李，也没有一个人身体不舒服，这几乎是一个让人暗暗称奇的小小"神迹"。

旅行最后一站是参观德鲁克的故居。这是一栋非常普通的 200 平方米左右的独栋住宅，只有一层，客厅、书房、卧室、餐厅、花园边的小厅，都非常紧凑，没有什么富余的空间。陪伴德鲁克写出无数洛阳纸贵的鸿文的书桌，不比一个中产阶层给家里的小学生配的书桌大多少。最有意思的一个小细节是，放打字机的小偏桌的桌腿断了，德鲁克就把一根扫帚杆截断代替，而且居然就一直这样用了下来。

研究管理之余，德鲁克喜欢欣赏日本艺术品，喜欢听古典音乐。他还有一个爱好，是看棒球比赛。他家没有电视机，为了看棒球比赛，每到全国棒球联赛季，他就从小镇的电器店吭哧吭哧租一个电视机回来，看完之后再吭哧吭哧还回去。

企业家们看了也许很唏嘘，但德鲁克作为一个学者拥有这种比较纯粹的生活方式，我倒一点也不奇怪。在思想的谱系里，德鲁克是一个保守主义者，审慎、谦虚、自制的保守主义美德，在他身上体现得非常明显。但千万不要把这种保守主义的美德误解为唯唯诺诺，在重大的历史关头，最果敢、最有决断的往往也是这种保守主义者。1933 年年初，纳粹上台不久，就给德鲁克当时所在的法兰克福大学委派了一个代表。参加完这个代表主持的第一个教师会议后，德鲁克决定，在 48 小时内离开这个国家。

在 1942 年出版的《工业人的未来》中，德鲁克阐述了现代保守主义创始人埃德蒙·柏克强调的 "prescription" 这种质朴、刚健、实用的美德：

"prescription 不仅表达对人类的不完美性的信念，还表达对所有社会都是历史成长的产物的觉察——这种觉察能力把政治家和不过尔尔的政客区别开来——同时，它还是一种经济性的原则，教导我们永远要选择简单的、便宜的和普通的创新，而不是那些复杂的、昂贵的和闪闪发光的。选择常识而不是绝对理性，选择经验和勤勉而不是表面上炫人耳目的东西。它蹒跚而行，一步一个脚印，一点都不耀眼，但却确实可靠。"

我长期在国内推广明茨伯格的管理思想。与德鲁克相比，明茨伯格应该属于自由主义阵营。他对每个普通个体的平等的尊重，对参与式管理的强调，对草根创新的推崇，对自以为是的战略规划的批判，对心安理得地拿着普通员工几百倍的薪水的高高在上的 CEO 阶层的辛辣嘲讽，都出于他自由主义的立场和悲天悯人的情怀。当然，他的这种思想定位，与西方学术界和一些西方国家整体偏自由主义的大环境是分不开的。

德鲁克是美式学术体系的一个外来者，一生都在艰难地与这个学术体系周旋。在纽约大学，他上完自己负责的几门课就走，好像一直没有进入核心。在参观纽约大学时，我们就很惊讶地发现，德鲁克在纽约大学二十多年，几乎没有在这里留下任何痕迹，找不到任何与德鲁克相关的大楼、教室、雕像、研究中心、奖学金等，实在是让人唏嘘。即使到了加州的克莱蒙特大学，他亲自筹集款项，创立并冠名了管理研究生院，他独特的人文价值和学术关怀好像也没有得到机构的系统贯彻。在德鲁克管理研究生院的小院里，深秋的阳光很好，"千秋万岁名，寂寞身后事"，其中辛酸，实在是让人感慨。

与德鲁克相比，明茨伯格出身名门，博士毕业于麻省理工学院，尊重学术界的游戏规则，早年在学术期刊上发表了很多匿名审稿的文章，所以他在学术界有很稳固的地位。这种稳固地位给了明茨伯格很特殊的话语权和言论尺度，使他能够冒天下之大不韪，发出 MBA 是"在错误的时间、用错误的方法培养错误的人"之类的"大逆不道"的言论。如果说德鲁克是一个重剑无锋、深藏不露的入定老僧，明茨伯格则是一个笑傲江湖、孤独求败的"职业杀手"。

在日常生活中，明茨伯格与德鲁克一样，过着非常简单的生活。上次我去东京参加 IMPM 活动，好长时间没见面，明茨伯格老先生看到我来，很开心。他拿出一个小铁盒，小心翼翼地打开，里面是他刚在东京买到的一种新鲜巧克力，非要让我尝尝。看到我把巧克力化在嘴里，他才露出满足的笑容。中午一起散步聊天，听我说到点什么有意思的东西，他就会摸索出一个小本，一定要当场记下来，才继续往前走。他喜欢运动，骑车、爬山、滑冰，每到一个地方，都要四处转转，总是一副很有活力的样子，像一个年轻人一样，抓住机会，享受人生。

"英雄或英雄崇拜只不过反映了我们自己的无能。这种崇拜阻止我们思考，使领导力成为主要的解决方案；不管什么地方出错了，这个了不起的人会把它纠正过来。"这句话出自明茨伯格《关于管理的十个冥想》一文。

明茨伯格对普通人的平等的尊重，是深入骨髓的。有一次他到中国来，我安排了一个刚毕业的女大学生给他做助理。她很聪明也很能干，但话不多。"Tina has dominated the conversation!"（Tina 主导了整个谈话！）最后一顿晚饭时，明茨伯格用他幽默的方式鼓励她多说话，并对她表示感谢。

德鲁克和明茨伯格都是犹太人。德鲁克（drucker）这个词的意思是印刷商，这是中世纪以来典型的犹太人的职业。德鲁克从小在路德教文化中长大，对基督教有很深的认同感。他近七十年的写作生涯，最核心的关注点就是在基督教的信仰基础上，对自由和秩序的关切，对个体与社会的良性关系的追求。明茨伯格对宗教问题涉及不多，但他的逆向思考、直言不讳、对权威的挑战，都有很强的犹太文化的痕迹。

按西方人的说法，德鲁克是右派，明茨伯格是左派。但这个判断并不妨碍我从他们身上看到领导力的美德。按明茨伯格晚年的说法，最重要的不是左与右，最重要的是二者之间的平衡。二者之间的关系，可以用明茨伯格曾经跟我讲过的一个犹太妈妈的笑话来说明。犹太妈妈给儿子买了两件衬衫。儿子第二天穿上其中一件准备出门，妈妈看见了，大惊失色："怎么啦，儿子，你不喜欢另外那件衬衫吗？！"儿子答道："两件衬衫都喜欢，但妈妈，我总得先穿起一件吧。"

许正先生强调领导力背后的伦理和价值观判断，倡导建立以"贡献、原谅、放开"为核心的领导力正向心智模式，这是在中国情境下努力建立这种平衡机制的一件基础性工作。优秀企业的打造离不开领导力的美德。领导者的心智模式，决定了一家企业的基因，决定了一家企业是一岁一枯荣的野草，还是傲然风雨、咬定青山不放松的参天大树。领导者作为企业的一把手，需要一遍一遍地拷问自己：创造社会价值和一己之私利哪个更重要？"其中间不容发处，恰是此心凑泊处"，差之毫厘，失之千里，企业之道，岂有其他，慎独而已。

肖知兴

领教工坊联合创始人，学术委员会主席

LEADING TO LIGHT

自本书的第一版出版以来，时间已经快进了五年。这期间世界又发生了一系列变化。无论在全球地缘政治、经济模式，还是在科技创新上，世界都已经进入一个崭新的时期了。

这一阶段，让我们颇为关注的是人工智能（AI）技术的突飞猛进。随着生成式人工智能（GAI）的发展，计算机已经具备在人类现有知识基础上生成新知识的能力。专家们预言，更为强大的超级人工智能（SAI）也会在不久的将来出现，它将超越全球人类智力的总和，并具有独立的思考甚至创新能力。这个让人瞠目结舌的技术发展，给所有人提出了一个挑战性问题：当人工智能超过个体甚至超过全体人类智慧时，谁将领导这个世界？

与我们有同样忧虑的，是对人工智能发展了解颇深的专家。美国企业家埃隆·马斯克，就对人类将无法掌控人工智能的发展提出过忧心忡忡的警告。历史学家、哲学家尤瓦尔·赫拉利甚至提出灵魂拷问：面对来势汹汹的人工智能，作为人类，我们的本质到底是什么？

是时候重新思考人类的本质了。工业文明数百年的发展，让我们的知识分门别类并结构化；信息技术的突飞猛进，让结构化的海量信息可以快速地整理和聚合，在人工智能算法的加持下产生了新的知识。于是，人类产生了一个幻觉：机器正在替代人类，甚至将领导人类。

这个幻觉来自人类对自己本质的不自知，这种不自知也是人类自身不断物化的必然结果，它让我们将自己和协助我们工作的机器混淆。如果我们能够回到人类意识的根源，就会知道我们的本质，并不是这些被系统化的逻辑思维和推理以及知识的聚合能力或生成能力，而是无量宽广的智慧、创造力以及凝聚着人文精神的同情心和悲悯。这个本质才是创造之源。

人工智能可以模仿人类，将海量的知识进行总结和再创新，在理性层面上甚至可以超过人类的智能。但是从根本上，它们只是帮助人类工作的机械，不能从根本上替代和超越人类。对此我确定且坚信。不过，人工智能为何开始威胁到发明它的人类？对此，我们需要深刻反思。

人类文明走到今天，作为当代工业文明和商业文明默认的基础，我们的底层的心智模式常常被欲求、对立和执迷所占据。曾经引导我们的文明走向兴盛和良性，曾经作为文化内核的贡献、原谅和放开的精神，却变成了一道微光，在强大的商业文明碾压下被忽视了。于是结果显现了：我们创造的知识甚至智能，构建在欲求、对立、执迷的体系之上。作为人类智能结晶的人工智能，怎么可能创造出不同的文明和思维方式？我们开始恐惧超过人类智能的超级人工智能可能毁灭人类，而这正是我们各种对立和冲突的心智所累积的必然结果。

因此在人工智能时代，对道德和伦理的要求被提到了更高的层面。但是作为人工智能的创造者，我们如果不能对底层的心智模式加以改变，那么我们所创造的文明，包括人工智能的文明，可能会走向黑暗，并从此让我们惶惶不可终日。

我乐观地认为，即便人工智能系统的智力水平超过了人类，但只要人类从根源上改变自己的心智模式，将技术转化为对世界的贡献和帮助，致力于消弭人类之间的对立和冲突，并将我们从各种执着中释放出来，人工智能就有可能一直是人类的伙伴和助手，而非我们文明的威胁甚至是终结者。

因此我相信，人类的未来还会掌握在自己手中，这将由我们的心智模式决定。而这个新的时代和新的文明，正在呼唤着更多的光明领导者。

前言

升级领导者的操作系统

为写这本书，我准备了近三年。触发我涉足这个专题研究的，是我离开大型企业的高管岗位之后，担任企业家教练和企业战略顾问期间的一些发现与反思。

我作为导师，带领过一个非常棒的企业家私董会小组。小组中的成员来自各行各业，且都是他们所在行业的精英。但是通过观察他们我发现，传统的企业家领导力发展训练更关注如何帮助企业家实现更好的业务成长。在训练过程中，我们即使训练了他们的同理心、提问的技巧甚至内在的觉察，也只是为了辅助其实现业务成长。于是，当面对越来越多的发展和成长的理念时，企业家们就希望得到更多：更多的方法和技巧、更多的觉察和自省、更多的内在提升甚至是由此带来的心灵的力量。

我知道这种训练方法出了问题，因为它好似磨刀般的训练，让每个人的领导力磨得更加光亮锋利，助其斩获更多的业务成果。至于如何能给这个世界做出贡献，如何帮助员工并让组织运作得更加和谐顺畅等话题，在传统领导力发展中虽有涉及，但一直不是主流。

当今的一些企业弥漫着欲望和焦虑，尤其是有硬性业绩指标约束的上市公司更是如此。同时，企业造成的问题也越来越多，例如过度营销带来的浪费、过高目标带来的内在压力等问题，以及已经令人触目惊心的全球污染和全球高排放问题。通过近年的实践和研究，我有一个重要的发现：在当今的各种领导力发展和培养的理论体系中，**领导力这个概念被完全功**

能化了，它所提供的各种技巧和方法，大多针对如何提升领导者的绩效。实际上，领导力发展中对各种能力和素质的描述，更像是一个个被编辑好的应用程序。而作为这些应用程序基础的操作系统，也就是领导者行为的动机，以及动机间的相互作用，却很少被提及，甚至被刻意淡化了。

这源于一个明显的趋势：**近几十年关于领导力发展的话题，越来越趋向于中性化或者叫中立化，领导者行为背后的伦理和价值判断被抽离了，而只对它的中性的功能加以推广。**但是，领导者行为如果没有伦理和价值判断，又如何做出正当的决策并带领众人呢？

事实上，如果我们去查看领导者心智模式，也就是领导者行为背后的操作系统，会发现这里面有很多我们不愿意涉及的基于人性的内容。当我们就这些话题与一些专业人士讨论的时候，他们宁可回避，因为这似乎侵犯了个人的价值观，也和他们的立场观念相违背。但这恰恰是问题所在，也是今天全球领导力发展中亟待被揭示并加以正视的问题。

为应对这些问题，在本书中，我提出了一个新的领导者发展方式及具体框架，其中包含一个评估系统、两个工具和三个阶段。

一个评估系统，这是我参考美国心理学家大卫·霍金斯的意识能量层级表建立的衡量人类意识（当然也包含领导者意识）的评估系统，这一评估系统可以帮助我们对领导者乃至组织的心智模式以及所展现的能量级别进行一个相对完整的系统评估。

两个工具，这是基于我提出的心智之轮的概念构建的，让我们理解传统领导者的心智模式和光明领导者心智模式的根本不同。传统领导者的心智模式，即当今领导力的操作系统，其埋藏在我们中性化和功能化的领导力模式之下，具有与生俱来的心智特征，分别是**欲求、对立和执迷**。这些我们不愿意面对、不愿意揭示的心理内在，形成了我们行为的驱动力。而我们那些看似正当的领导行为，又在不断地强化这些我们听起来就不愿意接受的负面心智模式。更糟糕的是，它们自动地形成自我强化的反馈：负面心智模式（欲求、对立和执迷），就像在给我们那个顽固的自我不断地喂养食物一样，让它越发强大，而强大的自我又会进一步强化心智模式的运作。

这个反馈的循环，会驱使我们采用越来越负向的能量模式去管理组织。这能从根源上解释，为什么现在绝大多数的领导者看似采用了正确的领导模式，却使得组织和经营低效，甚至还给社会、给世界带来众多的问题、产生糟糕的后果。

改变这一切的方法也很简单，就是用相反的心智模式和行为去对冲这些我们习以为常的心智模式，用**贡献**、**原谅**和**放开**来替代那些负向的心智模式，即采用新的领导力操作系统。一旦采用了新的操作系统，个体也好、组织也好，其内在的能量会被打开、被激活，会产生更多的活力和创造力。领导者也将沿着意识能量量表的正向能量部分向上发展，最终成为贡献世界、豁达宽广的领导者。

即使采用的领导者行为模式还是传统的，但是因为领导力操作系统升级了，领导者心智模式的基本面也会发生根本的变化。这个新的操作系统，也就是新的心智模式，要在组织中践行，需要经历三个组织变革的实践阶段。

三个阶段，即组织变革中的**清理**、**调整**和**赋能**这三个阶段。我在"轻战略六步法"中提出的六个首尾相接的战略步骤，在帮助企业进行战略变革的过程中，从方法上是高度有效的，但是要真正地让战略变革得以实现，还需要领导者对原有的组织能量和组织认知进行清理，进而对弱化组织的因素和团队合作关系重新进行调整，最终在赋能的过程中，让领导者担负起责任，并且给予员工真正的能量。

如果能做到这样，传统意义上的组织变革的各种工具和方法就将真正发挥作用，否则组织会一直循环和挣扎在变革无望的痛苦泥沼中。

本书对企业和非营利组织的领导者都适用，它提出的观点和概念，超越了营利性组织的局限，对那些希望帮助各种组织进行领导力发展和突破的专业人士也会很有启发。同时，这套方法和理论也是《轻战略》的姊妹篇，是让《轻战略》有效落地和实践的强大辅助。

本书的第一章，从日常能够看到的各种来自企业的领导力危机，帮助大家认识当前领导力模式的局限。

第二章探寻了当今领导力模式产生和发展的历史原因，以及发生领导力危机的深层原因。

而后，在本书的第三章，我们探索了人类意识进化的现实，特别提到了第四次物理革命，即量子力学革命对人类认识自身的意识与物质世界关系的颠覆性启发。量子力学让我们看到任何观测到的事物只是观测者施加观测影响之后得到的结果（量子力学称为"本征态"），而那个观测之前的状态是无法获悉的（量子力学称为"叠加态"）。同时，我们还在这一章中研究了意识和能量的关系，并且从中国传统文化的角度对领导力发展的核心命题提出了一些最基本的探索和思考。

在第四章，我们提出了领导力跃升的具体方法，也就是如何解锁心智之轮：通过**学会贡献**、**原谅和请求原谅**、**愿意放开**的方式，让每一位领导者，当然也包括每一个人，都可以解锁那个一直处于自我强化循环中的心智之轮。这些具体的方法和工具，我们可以在实践中拿来运用。在此基础上，我们提出了新的领导力模式，将另外六种领导力要素与这三者结合起来，形成了领导力的九个行为要素，并且揭示了各要素之间的内在关联。

在本书的第五章，我们介绍了变革失败的原因，以及如何开启新的变革，并且将组织变革的三个阶段——清理、调整、赋能的具体方法提供给了大家。

在本书的第六章里，我们提到了全球企业家针对传统的领导方式带来的危机已经开始采取行动。但是很多人还没有意识到其根源在于我们的心智模式，而如果不能从心智模式上加以彻底改变的话，组织的进化乃至科技向善等想法，也只是一些美好的期许。反之，如果践行新的领导力模式，我们相信未来会出现更多的光明领导者，他们将在社会中扮演更加积极的角色。

在第七章，我们探讨了个体和社会关系的东西方模式存在差异的历史原因，并指出光明领导者不是一个概念，而是一个实践。领导者从自我的束缚中逐渐解脱，一方面可以带来组织的赋能；另一方面也使领导者个体变得豁达宽广，不仅能够真正担负起自身的责任，还能从根源上化解冲突，拥有那种超越目标的心胸。在释放组织、释放内心的过程中最终获得全然的自由，这就是光明领导者的真谛。

希望这本书可以引发领导者心智模式层面的一些新的思考，并且能够与各位同好共同开启新的领导力发展模式的实践。果能如此，则是本书作者之大幸。

许正

2020 年 1 月于长安吉祥贤居

zheng.xu@cofound.com.cn

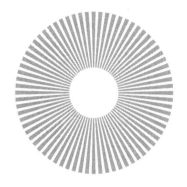

第一章

领导力危机

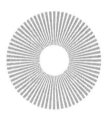

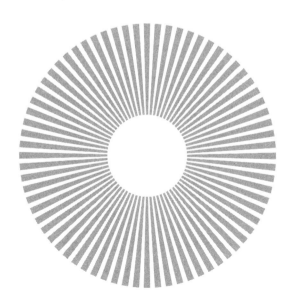

LEADING TO LIGHT

领导者在企业组织中所起的关键作用是无可争议的。传统的领导力观念一般认为，领导者要为组织确定方向，并带领员工去实现既定的目标。但是，事与愿违，在实践中我们屡屡发现领导力失效的情况，这不仅给企业带来巨大的经济损失和信誉损失，还给人们带来灾难性后果。

波音坠落

2019 年 3 月 10 日，埃塞俄比亚航空公司从亚的斯亚贝巴飞往肯尼亚内罗毕的一架航班失事，造成机上 150 人全部遇难。这一突发的空难激起全球航空界的高度关注，在不到半年之前的 2018 年 10 月 29 日，印度尼西亚狮子航空公司的一架航班也在起飞后很短的时间内坠毁，造成机上 189 人全部遇难。

这两次相隔时间甚短的空难事故的原因，全部指向执飞的波音公司737-MAX8 客机，坠毁都发生在起飞后很短的时间内。虽然在 2018 年 10 月的空难之后，波音公司的前首席执行官（CEO），丹尼斯·米伦伯格就曾公开表示，波音 737-MAX 系列是非常安全的客机，强调公司花费了数千小时对其进行测试、评估和模拟，但是相似的故障情景迅速激起了全球航空界的高度关注。有人指出，这两次空难可能源于 737-MAX8 的设计隐患。

随着后续进行的一系列调查，航空安全专家们发现，波音公司竟然隐瞒了 737-MAX 系列机型的新的控制系统——机动特性增强系统（MCAS）的设计风险，该系统的设计初衷是防止机头过度扬起而导致失速，但正是这一改进性的新系统，造成了两次空难中的飞机俯冲撞地，酿成了机毁人亡的灾难。

进一步的研究和分析，指向了一个更加令人惊骇的事实：波音公司自从在 20 世纪 60 年代推出极其成功的短途单通道客机波音 737 之后，该机型的基本体系结构一直没有发生大的变化。20 年后，在它的竞争对手空中客车公司推出更先进的空客 A320；这一机型之后，波音公司为了应对竞争，在新客机的研发中，竟然沿用了已经使用了长达几十年的老旧的波音 737 机翼和引擎体系结构，让体积逐渐变大的引擎在机翼上逐渐迁移，以便快速推出相应的机型以应对与空中客车公司的竞争。其最新机型 737-MAX8 的改进方案，竟然是增加新的传感器和软件控制系统，但正是这种改进，导致了潜在的坠机风险。而根据逐渐披露的信息，为了更快地取得试航证明，波音公司涉嫌与美国航空管理局（FAA）简化适航审批流程，甚至 FAA 将关键性的试航检测任务直接交给了波音公司，让他们自行出具相关的检验报告。

一系列爆炸性新闻严重挫败了全球公众对于波音公司的信任，全球有将近 50 个国家和地区的航空公司相继停飞了 737-MAX8 客机。要知道，波音 737-MAX8 客机占到波音公司飞机交付量的 1/3 以上，而且是其盈利的主要来源。在 2018 年财年中盈利的波音公司，在 2019 年二季度就曝出了近 30 亿美元的亏损。

波音公司，这个全球航空业的翘楚、绝对的领导者、技术的先驱和受人信赖的品牌，就突然崩塌了。虽然它经过了近一年的技术改进尝试和对公众的努力说服，但是不断披露的信息依然持续指向波音公司为了获得短期的利润而大幅减少研发投入，并且在安全设计、质量控制方面疏于管理，最终酿成了这两起令人震惊的灾难。

在后面的几年中，波音公司试图通过公关和游说重新赢得消费者和全球航管机构的信任。但是，正当波音 737 系列客机开始重返市场时，其一系列重大安全事故又以惊悚的形象出现在世人面前。下面这个清单，仅仅列出了 2024 年 1 月，波音公司发生的令人触目惊心的安全事故。

- ✓ 2024 年 1 月 5 日，美国俄勒冈州波特兰机场，一架波音 737MAX-9 型客机的一扇窗户和部分机身发生爆炸，机身受损，窗户丢失；
- ✓ 2024 年 1 月 13 日，全日空航空公司的一架波音 737 客机从日本北海道起飞，在飞行过程中驾驶舱玻璃出现裂痕，航班随后折返；
- ✓ 2024 年 1 月 17 日，瑞士达沃斯，美国国务卿布林肯所乘波音 737 客机的供氧装置发生故障；
- ✓ 2024 年 1 月 20 日，达美航空公司 982 号航班于亚特兰大机场起飞的波音 757 客机在起飞前轮胎脱落。

很多人会问：是什么样的决策机制、领导方式，乃至背后的决策逻辑，导致波音公司出现如此让人扼腕叹息的局面，而且经过所谓的整改后依旧没有改变呢？

回到 2019 年，陷入深重危机的波音公司让公众自然地将目光转向了这家巨无霸企业的领导者，曾经在过去 3 年担任 CEO 和董事长的米伦伯格身上。在波音公司随后接受的美国国会的质询听证以及对波音公司铺天盖地的各种新闻报道中，他成了风暴眼中的人物。

当米伦伯格接受美国国会质询时，波音公司的一系列深层问题，那些可以被称为巨大丑闻的事实逐渐浮现在公众面前。参加过听证会的美国参议员认为，波音公司的飞机质量问题由来已久，在这种糟糕的质量管理下生产的飞机出现问题是迟早的事。他们说出了一句震惊了所有人的话："那些飞行员根本逃不过，那些乘客们也根本逃不过，他们驾驶和乘坐的就是一具飞行的棺材。"

所有这些问题，都源于波音公司早年为了更快、更便宜地将新产品投入市场，所进行的不负责任的技术改造和不断削减成本，以及由此带来的对员工施加的各种压力。随着各种报道和调查的深入，米伦伯格的前任，波音公司 2004 年到 2015 年的掌门人吉姆·迈克纳尼的形象映入了公众的视野。

据英国《金融时报》的报道，在迈克纳尼领导波音期间，其出了名的强硬的性格，导致波音公司做出许多"说一不二"的决定。在他领导波音公司的 10 多年间，波音公司的销售收入上升了高达 73%，以 737 为主打的单通道机型、特别是后来推出的 737MAX 机型为此贡献甚多，而这些成绩是在美国政府压缩防务预算的情况下，波音公司不得不在商业市场激烈的竞争中奋力拼搏取得的。这一过程隐含了太多对质量和安全的忽视，甚至是对各种重大隐患的刻意隐瞒。

正是在迈克纳尼执任期间，波音公司完成了一系列 737 客机的改型并将其交付市场，最终导致严重的后果。

米伦伯格虽然试图改变迈克纳尼那种强势的管理方式，并采用一种温和的劝诫方式，鼓励员工和他一起努力，而非进行恐吓式管理，但是他显然无力应对当时的局面，波音公司最终还是滑向了深渊。

更糟糕的是，波音公司内部存在着激烈的权力争夺，与米伦伯格共同争夺最高职位并落败的雷·康纳负责管理西雅图的商用飞机制造部门，米伦伯格曾多次尝试更频繁地访问西雅图，以了解那里的生产和管理情况，但遭到康纳的阻挠和拒绝。康纳声称他领导那里的业务，西雅图是他的"地盘"。

企业内部的分裂和争夺，最终让企业自身和公众成为牺牲品。为自己的利益，自己管理的地盘、自己的权威而彼此争斗，并且酿成更多的大错。这样的事情又何止波音公司所特有！

2019 年 12 月，波音公司董事会最终解除了米伦伯格的所有职务。理由是他没能处理好这场巨大的危机。

为了利润牺牲产品质量，乃至公众的安全和利益，面对这种长远的企业发展与短期利润之间的困境，企业领导者无力做出改变，直至企业的危机最终爆发。这一典型的领导力困境，不只在波音公司的领导者身上存在，事实上，也普遍出现在当今许多企业领导者身上及他们所领导的企业中。

以共享的名义

波音公司的挫折代表了传统交通运输行业在面临生死之劫时的情形，我们下面再分享一则新兴商业模式在发展中面临困境的案例。这就是曾给万千人带来便利，同时为社会带来巨大资源浪费的共享单车。

共享单车在过去几年中，曾一度被誉为中国的"新四大发明"之一。

2014 年，由戴威等学生在北大校园创办的 ofo 单车，开启了自行车校园租赁模式。随着 2015 年第一批业务在北大的正式推开，这一业务在全国范围内迅速"走红"。继关注校园市场的 ofo 之后，主打地铁和办公单位之间的"最后一公里"市场的摩拜火速在全国各大城市铺开。很快，众多以共享单车为概念的创业公司携带移动互联网的技术想象，如雨后春笋般涌现。这一低门槛的业务旋即吸引了大量的资本投入。仅在 2016 年，全国性的共享单车公司就超过了 25 家。近 2 000 万活跃用户及预计多达 5 000 万的活跃用户（2017 年时的预计），为这一产业带来了巨大的发展空间。但急速发展的业务也带来了一系列严重的问题。五颜六色的共享单车在各个城市的大街小巷乱停乱放，给市政管理造成了巨大困难，一定程度上扰乱了城市的正常交通秩序。

2017 年和 2018 年，共享单车的发展正值高峰期，却逐渐显现出押金难退等问题，这让消费者信心受挫。而共享单车的商业模式在 2018 年逐渐显露出赢利需要漫长的路途的问题，使得风险资金的投入裹足不前，从而让行业内的大多数公司出现大面积亏损。从 2018 年到 2019 年，共享单车出现了全行业的快速衰退，两大巨头公司之一的摩拜单车被美团收购，而 ofo 也面临着倒闭的困境。

大潮过后带来的是一地鸡毛。成本超过 300 元的单车最后落得以 5 元的价格卖给废旧市场而收场。据测算，到 2020 年，全国至少有 1 000 万辆共享单车面临报废。在这一轮潮涨潮落过后，所剩的共享单车业务将回归平静和理性。而这场盛宴所带来的，除了让人们以押金为代价学会了更为谨慎地对待企业的经营信用之外，还有巨大的社会资源浪费。

当我们去探讨共享单车业务大喜大悲背后的原因时，有一条清晰的脉络呈现在面前，那就是共享单车业务的理念在本质上已经不是早年的共享经济理念。共享经济指的是每个人将自己多余的资产分享出去，从而获得资产租赁的回报，这一理念源于共享、互助、环保、可持续。但共享单车似乎并没有走向一条真正意义上的共享经济的道路，它的本质仍是企业级的单车租赁业务。

更让人扼腕叹息的是，在中国的共享经济市场中，部分企业也没有真正走上传统意义上的 B2C，或者 C2C 模式，而是走向了 VC2C 模式，也就是靠着风险资本大举烧钱，通过早期的超额补贴、购买用户、锁定用户，进而剿灭竞争对手，或者兼并竞争对手，实现"一统天下"的局面，垄断市场，最后抬高价格、获得超额垄断利润的模式。

这一模式曾在几年前滴滴出行的发展中得到过验证。但问题是，共享单车市场，既没有滴滴出行所依靠的相对稳定和规模化的出租车市场作为基础，也没有以汽车驾驶员为载体的车辆拥有者作为发展的主体力量。共享单车从一开始就不存在这种"剿灭对手，赢者通吃"的业务基础，而盲目炒作、跟风，以及贪婪的资本在后面的推波助澜，让一切理性的分析都被搁置，最终催生使行业几近瘫痪的泡沫，导致整个行业迅速落幕。

如果说波音公司的挫折是关于大型企业的领导者领导不当导致经营灾难的典型例子，那么共享单车面临的困境，就是创业企业家们乃至投资者们领导失效的典型案例。

当如此多的创业者、管理团队，涌向一个看似广阔，实则竞争极其残酷的共享单车市场时，每个企业都梦想着自己成为最后那个横扫一切、最终胜出的超级赢家。但碾压对手、囊括市场，获得最终垄断优势的人毕竟是极少数，众多创业者为何如此不理性地涌入这个市场呢？企图碾压对手，用燃烧资本的方式造成巨大的资源浪费，并且将自己带入如此困难甚至艰苦的竞争中去，又到底为了什么呢？他们每个人都确信自己能够从这种其实没有赢家的游戏中最终胜出吗？

更值得反思的是资本市场。在这次由 VC2C 的商业模式驱动的共享经济浪潮中，投资者们扮演了一个毁灭资本的角色。他们将融来的社会资本投到这场没有最终赢家的游戏中时，真的想好如何面对出资人了吗？

在这个梦想赢家通吃的游戏中，"共享"只是名义，而"独享"或者说"独占"，才是他们内心所期待的最终结局。但谁有能力去取得这种独享的成果呢？在进行一轮一轮的融资时，每个投资者都期望自己不要成为最后的"接盘侠"，或者期望在最终上演的各种兼并重组的游戏中，将自己孵化的这些所谓的创新业务卖个好价钱，让更大的垄断者接盘。这里面虽然有资本的逻辑，但对于创业者，对于社会资源，对于那些最后无法讨回押金的消费者们来说，最终都是场昂贵的游戏。

纵观今天的创业市场，这种创业者加资本的游戏在当下已经基本偃旗息鼓，但类似的教训可谓极多。如果对此没有深刻反省，当资本浪潮再次到来时，又会有多少创业者、有多少资本卷入其中？其结果又会如何呢？

领导力危机的蔓延

企业作为当代全球经济中最活跃的部分，企业领导者所扮演的角色，他们的行为、做出的决策，以及产生的结果也在深刻地、极大地影响全球的经济、政治乃至自然环境。

2008 年的全球金融危机已经给我们上过重要的一课——企业，特别是企业背后的资本，如果在不加限制的情况下贪婪扩张，会造成巨大的债务黑洞，从而影响全球经济。而这背后，企业和政府之间的交互作用，则有着意义深远的影响。

今天，虽然全球金融危机已经过去十多年，但类似的危机依旧有卷土重来的可能。尤其是当企业家所惯用的以功利为导向的领导方式转移到国际政治领域时，其产生的后果乃至危机将难以避免地在全球范围内蔓延。当下某些国家民粹主义抬头，滥用贸易保护主义，遇到问题一味地指责对方、破坏全球供应链，从而让更多的国家走上自我保护的道路。这种源于自利和自私动机的行为，不正是当下某些企业领导者经营思维的放大版本吗？或者从某个层面，我们可以理解为这正是政治领域领导力危机的表现。由此引发的全球地缘经济乃至地缘政治的冲突，正在成为我们面临的常态，这类领导力危机将导致人类社会脱离平衡、和谐与长远稳健发展的道路，甚至导致更加深远的和不可预测的危机。

如果说在今天全球化的时代，每个国家和每个企业关注自身的发展，似乎并不应该被指责，那么这一过程对于全球自然环境深远的影响却是值得我们关注的。因为在我们所生活的这个星球上，大量的经济活动正在产生一个个难以估量的环境后果，而这在另外一个层面也是对我们每一位企业领袖及其他组织领袖的巨大考验。

2019 年 12 月，联合国气候变化框架公约第 25 次缔约方会议在西班牙马德里召开。然而，这场事关各个国家完成减排任务、地球环境未来的会议，却在各种争吵声和无法达成协议的状态下，在人们的愤怒和遗憾中草草收场。

实际上，全球二氧化碳排放量已经升至创纪录的水平，数百万学生在全球各地举行抗议活动。

但严酷的现实和人们的呼声并没有唤醒参与的各方或促使他们达成共识。虽然各方都已经收到了一个紧迫的信息，那就是联合国下属的政府间气候变化专门委员会（简称 IPCC）在 2019 年 10 月发布的一个重要报告，报告揭示了由于人类活动和温室气体排放，全球气温已经比工业化前水平高出 1 摄氏度。如果温室气体排放继续以目前的速度增长，到 2030 年，全球气温预计将比工业化前水平高出 1.5 摄氏度。这个温升幅度将给地球生态带来长期不可逆转的风险，也就是说人类将居住在一个全新的温室地球，由此带来的一系列生态损失、自然灾害、气候变异，将进入不可逆转的轨道。

为了在 2030 年前将全球温升控制在 1.5 摄氏度以下，人为造成的二氧化碳排放量需要减少近一半，但这一主张的实现随着美国威胁退出《巴黎气候协定》而显得非常渺茫。这一协定由近 200 个缔约方签署，旨在将全球气温升幅限制在远低于 2 摄氏度的水平。

美国总统特朗普宣称他不相信全球气候变化，甚至说这是中国设计的一个阴谋。在全球科学界和各个有识之士的惊愕声中，美国就这样拂袖而去，并且继续大力发展化石能源。但其后，无论是 2019 年肆虐美国各州的飓风，还是 2019 年年底澳大利亚出现的前所未有的森林大火，都让大家看到，全球气候恶化，这是一个正在发生的现实！而某些领导者却为了狭隘的企业目标或国家发展目标，罔顾事实，并用一种对抗的心态来看待国与国之间的协作和共识性的谈判。这种极端忽视全球福祉、蔑视人类未来的心态，使得一次次的全球合作和企业减排的计划落为空谈。

事实上，自然灾害所带来的严重威胁可能比我们更多人预想的都要严重。全球气温升高所带来的南北极冰盖融化，尤其是格陵兰岛冰盖的不可逆的融化，使得全球海平面正在迅速上升。根据英国 BBC 的报道，到 21 世纪末，全球一些主要沿海城市可能将变得无法居住。

如果说近百年后的海平面上升，当代人还可以视而不见，那么触目惊心的海洋污染则已经在实实在在地威胁着每个人的健康。

塑料，这一现代工业的产物，伴随着人类无节制的消费，正在产生着巨量的环境污染。据统计，当今世界每分钟有一百万个塑料袋，每年有超过 5 000 亿个塑料袋在世界范围内被使用，而每个塑料袋的平均使用时间只有 15 分钟，但这些塑料袋可能需要 1 000 年才能最终被分解，塑料瓶可能需要 450 年或者更久的时间。

2015 年发表在《科学》期刊上的研究显示，海洋里漂浮的塑料袋有将近 27 万吨，相当于 13.5 万辆小汽车的重量，东太平洋的塑料垃圾漂浮物正在形成一个规模巨大的漂浮大陆，到 2025 年，这些垃圾数量还将翻倍。这些塑料海洋污染每年造成超过 10 万只哺乳动物和 100 万只海鸟死亡。

更严重的是，这些塑料分解成小颗粒之后进入了动物体内，其中含有的双酚基丙烷（BPA）被证实会影响到动物的生殖能力。现在，这些塑料污染正在污染着人类食物链中的鱼类，人类也必将深受其害。研究表明，人体内的 BPA 含量较高时，会导致心脏病、糖尿病和肝病的发病率显著上升，并且可能导致习惯性流产。

有研究发现，地球海洋中 80% 的鱼类已经受到了塑料颗粒的影响。至于频繁见诸报道的诸如海洋鱼类、大型哺乳动物和鸟类误食塑料而致死的事例，人们更是已经司空见惯。人类出于贪欲而追逐经济增长的思维方式和对环境恶化的漠视，正在将地球生态推向危险的境地。

LEADING   TO   LIGHT

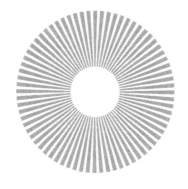

第二章

企业领导力危机的根源

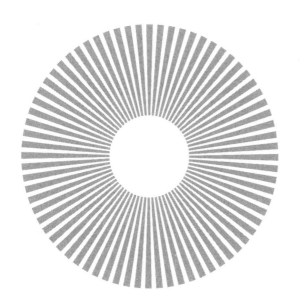

LEADING TO LIGHT

当今的企业领导力危机，究其原因，可以追溯到西方文艺复兴之后科学、技术和工商业的交互作用与发展所带来的人类思想及行为的变化。

在这里，我特别想就工业革命的历史后果做一个初步的剖析。因为，工业革命的成果既是对西方文艺复兴和启蒙运动的承接，造就了今日的商业文明和技术的巨大飞跃；同时，它也可以在一定程度上解释领导力危机出现的原因。

工业文明的历史后果

两百多年前兴起的工业革命，彻底改变了人类的生产和生活方式，同时也深刻地改变了人类的认知体系，包括领导和管理企业的方式。

18 世纪中叶，随着蒸汽机的广泛运用，英国人开始尝试用机器替代人力，从而开始了改变世界的工业革命。到了 19 世纪，工厂机器、火车等工业革命的成果传播到北美大陆，工业文明又开始了一波新的高潮。随后，这些工业革命带来的发明和创造普及到全世界。

在这一过程中，工业革命不仅极大地提高了生产力和生产效率，还彻底地改变了人类认识世界以及与世界交互的方式。人类不再"屈从"于自然，开始自信地改变自身的命运，并改造自然的面貌。从那时起，我们认知中的世界变得越来越"物质化"，我们开始越来越习惯于用物质、机器的视角来看待世界，甚至我们所生活的世界也越来越多地被比喻乃至设计成与工业文明相匹配的机器社会。直到今天，管理词汇中常用的词语和概念，例如输入与输出、边界条件、再造、刹车、加速、效率和效果、投入与产出、单元与层级、人力资源等，还都可以显露出工业文明留给我们的思考习惯。

工业文明在极大地丰富了人们的物质生活的同时，也将物质和财富的创造推到人类活动的核心地位。这背后，是资本力量的逐渐兴起。随着货物贸易全球化、业务经营全球化的出现，资本开始在全球流动，成为推动经济发展的重要力量。

而在这一过程中，个人、资本和物质之间的关系也悄然发生了一些改变。

对此极具洞察力的是《人类简史》的作者尤瓦尔·赫拉利。他的看法是：只有淡化先前的家庭、宗教、社群，把个体从以前获得的物质情感需求资本化、市场化，才最符合资本的要求，消费主义的观念随即才会自然而然地演化出来。并且随着资本的原始积累，人们原本强烈的物质需求开始淡化，国家需要围绕个人的概念在政治与社会的层面塑造一种新的领导模式，于是自然就有了民主政治、福利社会等观念和实践。

在书中，他对资本主义的兴盛和个人主义的出现的内在关联做出了一个富有创造性的判断。在资本主义的发展过程中，资本的力量开始成为主导力量，并且驱动一切，其结果就是愈演愈烈的贫富差距分化。

《21 世纪资本论》的作者、法国经济学家托马斯·皮凯蒂就尖锐地指出，造成当今全球财富分配差距拉大的主要原因，就在于资本的积累导致一批食利阶层的出现，他们越来越不借助于劳动来获得回报，而是通过长期的投资获得回报。

皮凯蒂给出的计算公式是，当资本回报率超过经济增长率时，不平等将持续加剧，因为利润和其他形式的资本收入会比工资收入增长更快，而后者是全球绝大多数工薪阶层的收入来源。

根据对近三百年欧美经济的统计数据，皮凯蒂得出了一个令人绝望的结论：资本报酬率维持在每年 4% ~ 5% 的水平，意味着资本每 14 年就实现一轮财富翻番，而国民收入每年增长 1% ~ 2%，意味着起码 35 年才能实现收入翻番。这意味着自工业革命以来，财富和收入的不平等程度加剧，这是无可避免的现象。

同时，随着资本投入与企业管理的高度结合，资本方为了达成经营目标，往往高薪聘请公司高管，而公司高管为了保住高薪，也会使出浑身解数完成绩效任务，这就使得公司高层管理者和资本方形成了一种高度的协作默契。皮凯蒂也研究了这一现象。他发现在 20 世纪 50 年代，全球每个 CEO 的平均薪水是公司里一般员工的 20 倍，当今世界 500 强公司的管理层与基层薪水的差距更是扩大到了 200 倍，而全球 500 强公司的实践方式，恰恰是几乎所有商业类公司的实践标杆和效仿榜样。

根据瑞士银行瑞信发布的 2018 全球财富报告，全球最富有的人只占全球人口的 10%，却拥有全球 85% 的财富，其中，47% 的财富则掌握在 1% 的人手里。

如尤瓦尔·赫拉利所指出的，个人主义以平等、公平的自由主义精神在第二次世界大战（以下简称"二战"）以后的美国以及其他许多国家成为一种普世的标准而被大力推广，已成为一些国家的主流话语体系和价值体系。

不过，一些严谨的研究者也对这个问题的历史演进提出了不同看法，美国著名学者迈克尔·桑德尔在他的名著《民主的不满》中，就曾经提出作为美国开国的先贤，他们立宪的核心宗旨并非今天的美国宪法解释所提出的悬置道德判断、保护公民权利，只是在最近的一百多年中，民主和自由才逐渐演变得充满个人主义色彩。

以言论自由为例，作为美国立法的最初精神，在保护言论自由时，各州及最高法院都要对言论的内在价值进行判断。所谓内在价值就是对社会的影响，社会价值更高的言论自然优于社会价值较低的言论。但"二战"以后，对自由主义的解释逐渐呈现个人主义化。对自由主义新的解释认为，对言论自由的保护应该悬置判断。这导致了一系列重大争议的发生。例如纳粹战犯对于受迫害的犹太人的不当言论是否应该受到保护等问题的出现，让人们看到忽略社会效果的言论自由是多么有害；虽然有自由主义者声称这些言论只是倡导，没有构成社会实践，但他们可能没有意识到，这些言论的发出本身也能产生伤害。

在美国国家政策层面，自由主义的经济学家在"二战"以后也占据了上风，他们围绕的主题是繁荣与公平，也就是说，无论人们偏爱什么样的财政和税收政策，只要能带来持续的繁荣和公平都是可以的。但他们却忽视了美国的历史传统中最初追求的不仅仅是繁荣和公平，也必须考虑到经济政策的人文后果。

自由主义和资本化的合流，促进了"二战"以后资本主义和全球经济的繁荣与发展，同时也极大地催生了个人主义，并成为西方世界判断事物的重要标准。但与国家治理结合起来的福利民主制度这一最能体现自由主义和个人主义的制度，正在给西方国家，尤其是欧洲各国带来严重的问题。

2019 年 12 月，法国正发生一场长达一个月的交通部门工人罢工，这场上百万人参加的大游行针对的就是法国总统马克龙提出的养老金制度改革。这一制度改革可以追溯到 20 世纪 90 年代，曾被历届政府屡次提出，但始终没有成功。前任总统萨科齐提出将退休年龄延后到 62 岁，结果竞选连任失败。

这一典型的例子凸显的是西方世界的选举政治和无力变革之间的死结与困境：每一位政治领导人在上台之前要对持有选票的选举人承诺带来更多的福利，承诺让他们的个人生活更加美好。但一旦触及或者损害到某些群体的利益，相关方案就会遭到坚信个人信念的群体的抵制，从而使得改革失败。

下一任领导者又会带着新的承诺上台，但依旧以失败告终。因此形成了一种被称为"西方福利民主制度怪圈"的死结。

在这样个人主义盛行的国家，虽然每个人都会表达自己的不同意见和立场，但现实告诉我们，自利的人们很难达成真正意义上的共识，因为无论是个人或是因为共同利益结合在一起的少数话语权群体，捍卫的只是自身的利益。他们对牺牲自身利益来换取更多人的利益丝毫不关心。法国交通工人的大罢工给社会带来了重大的影响，虽然这种抗议并没能达到预期效果，但类似事件在当前的西方社会体制下还在持续地上演。

这一点在美国的大选活动中更是表现得淋漓尽致。

在 30 年前，美国民主政治制度下两个党派的候选人，他们所面对的是分别占选民不到 20% 的极端拥护者，选民中的另外 60%，除了那些对政治不感兴趣的以外，大约有 40% 是可以被争取的中间选民，他们的选票投向何方，取决于对候选人政策的认可程度。

而今天的美国大选已经成为不同政党、不同派别政治人群对立比拼的场所。随着美国贫富差距的扩大，低收入阶层绝望化情绪越来越严重，这种个体利益绝不可受损的固有信念，使美国的中间选民开始严重分化为民主党和共和党的"死粉"，而且从比例上他们各占将近 40%，这种分化的后果就是每个党派的候选人更加强调所在阵营的利益，而对那些约占选民 20% 的中立意见可以置之不理。其后果就是两个党派观点对立、互相攻讦的态势愈演愈烈，由于政令不通，低效执政也就在所难免了。

由此可以看出，西方个人主义所秉承的所谓中立原则、不做价值判断带来的是个人和群体的利己主义，甚至发展到少数政治人物不惜以民粹主义挑动极端情绪的地步，而所有这些，都正在破坏西方的制度和社会。

自由主义、个人主义、物质主义乃至资本泛滥，对当今的领导者行为有何影响？对于在近半个世纪以来逐渐走向功能化和效用化的领导力发展是否也起到了关键的推动作用？

目前对于这一点有着清醒认识的人还不多。

　　但是，当我们对当今世界的社会经济环境及其背后深层的文化、制度等对领导者角色的影响有了系统的理解之后，我们再回过头来看待企业领导者这一相对微观的角色时，就可以有一个更加清晰的认知。

　　进而，我们不禁要问一个关键的问题：领导力的发展除了我们已经熟知的功能化趋势，是否需要重新做出一些基本的价值判断呢？

失效的企业领导力模式

　　如果说政治的领导力失效还只是个别现象，那么企业领导力危机事件则更加普遍。一些企业家没有做好一个企业领导者应该扮演的角色，反而因为自身的狭隘、自私、短视，给企业和社会带来一系列不必要的损失。

　　那么，为什么在每位企业领导者都清楚做一个优秀的企业领导者的重要性而努力成为优秀领导者的情况下，在现实中还会有如此多的领导力失调的情况呢？

　　这是值得我们反思的。

　　我们前面已经分析到，现在我们熟知的**各种领导力模式、理念和方法基本上都是功能性的**，也就是更多关注企业领导方式的**有效性**——如何能够更好地取得预定的业务成果，如何更好地完成上级下达的任务，如何更好地履行企业领导者的使命。而这些所谓有效性，也往往屈从于短期的业务目标，尤其是利润目标。

　　简单来看，这种功能性的领导力发展要素，无外乎我们非常熟悉的几个方面：

- 做出表率。也就是，企业领导者要为员工树立榜样，要求员工做到的，领导者自己先要做到。这是许多领导者常挂在口头的领导力关键法则。

- 具备同理心。当今，协同式创新越来越频繁，许多企业家将此视为领导者的基本素质之一。于是，同理心被解释为企业家应当具有的理解客户、理解合作方内在需要的共情和相互理解的能力。

- 共创愿景。许多企业家认为这是卓越领导者需要拥有的关键能力之一。这种能力为跟随者和合作者指出未来的方向，激励大家奋勇向前。

- 激励团队。这是企业领导者的必修课。恰当的激励方式可以是"胡萝卜加大棒"的"粗暴管理"方式，也可以是新式的"温柔管理"方式。

- 赋能企业。企业领导要能够让实现这些目标的个人能力和组织能力清晰化，然后带领管理团队和基层员工在实践中学习，并且在必要时进行授权；甚至能够有能力改变组织结构和流程，让这些能力可以在组织内流淌，成为他们实现目标的基本保障。

如果说一位企业领导者做到了以上几点，那么在传统意义上，他应该算是一名卓越的领导者。而许多创业者和投资者都是最爱学习的一群人，在他们的领导力培养过程中，所学到的不也正是这样吗？

但问题是，做到了这些，成为这种传统意义上的卓越领导者，真的就能带领企业走向辉煌吗？

仍以波音公司曾经的领导者迈克纳尼为例，他的履历极为光鲜，在担任波音公司掌门人的十几年前，就曾经分别在 3M、通用电气、宝洁和麦肯锡担任过各种管理职务，而且他在波音公司期间因为业绩卓越，还获得了各种奖励和荣誉。然而，我们看到的波音公司问题的祸根，正是在他任职期间埋下的。

问题到底出在哪里呢？

原因在于，这种功能性的领导力判断标准，并不能帮助那些极其聪明的领导者在面对关键决策的时候做出正确的决定。**当今的领导力模式，只是关注如何把事情做对，而没有关注什么是应该做的正确的事情。**

卓越的领导者，都是他所在时代环境下对领导力价值、领导者行为准则执行得最好的人。

如果在这个判断标准下做到了最好，但仍然频频出现领导力失效问题，我们不禁要问：是不是这个领导力判断标准本身有问题？企业领导者行为背后的驱动因素是什么？是什么产生了那些行为方式，以及那些行为可能产生的后果会是什么？在当今这个企业领导力模式越来越具有功能性和效用性的时代，这些都是需要认真检视的问题，也将是本书讨论的重点。

自我认知的强化

我们普遍认为，领导者行为背后的动机源于每个人不同的心智模式。

心智模式指的是根植于我们内心的，关于我们自己、他人以及周围世界的假设和认知习惯。彼得·圣吉曾将心智模式定义为外在世界的内在形象。宽泛的管理学和心理学关于心智模式的概念，并没有给出特别详细的内容和内涵。但大家普遍认同企业领导者的行为是由其心理活动和自我认知所驱动的。

爱因斯坦有一句名言：

我们不能用制造问题的同一水平的思维来解决问题。

这句话提示我们，改变领导者的行为，最重要的是理解并改变其内在的心智模式。如同前面我们已分析到的，当今企业领导者的行为模式及其相关的心智模式，都已被严重功能化了。这与现代社会，尤其是工业革命之后，乃至启蒙运动之后所形成的价值分化有关。

马克斯·韦伯称其为价值理性和工具理性的分开。所谓价值理性指的是我们行为乃至思想的正当性，与道德和价值观相关。而工具理性与结果、目标关系密切，指的是有效性。两者的分开是还原性思维的典型处置方式，但它同时也破坏了行为和心智模式的同一性。

今天，我们从整体的视角来看待企业领导者的行为和心智模式时，就需要将两者重新合一。在这种视角下，我们就会发现企业领导者的行为和心智模式不只具有功能性与目的性，也同时具有道德性和价值性。

从根源上说，每个人的行为和思维都与一个东西息息相关，那就是"自我"。所谓自我，就是每个人对于自己的肉体、思维、身份、社会属性乃至成就等的自我界定和认知。

如果我们认真追问："自我"真的存在吗？肉体会消亡，思想不断改变，曾经拥有的荣耀和成功在必将到来的死亡面前也似乎变得无足轻重。但是，自我，这却是每一个人根深蒂固、不愿意放弃、紧紧抓执的基本观念。

更有趣的是，为了这个自我（有时称为"小我"），或者更高意义上的自我（有时称为"大我"），我们奋斗不息，做出种种维护自我和发展自我的行为。企业领导者的行为也概莫能外。

从根源上说，人类所有的思想和行为都是围绕自我展开的。

如果更进一步探索价值理性，我们就会发现：在价值层面，我们经常忽视，甚至有意回避心智上的某些基本趋向。这些回避的行为可能是因为不愿面对，也可能是无力面对，也可能是因为有时候这些趋向让我们显得难堪，甚至显得丑陋。于是，我们更愿意将它放在一边，转而从一个所谓人本的角度来看待一个价值中性的人，或者从功能的角度来看待一个可以实现工具价值的人。但这恰恰是问题的根源所在，也是错谬发生乃至演化的最根本的原因。

这种根源性的心智模式有三个，是存在于每个人内心中的、根深蒂固的心智模式。第一个是欲求，第二个是对立，第三个是执迷。这三者都与自我有关，既是从自我中产生，又反过来强化自我，在这样的循环中形成了一种紧密的"同盟"关系，牢不可破，以至于我们不愿面对，甚至害怕去分析。

首先，欲求。它指的是每个人与生俱来的欲望以及在成长中逐渐产生的各种追求。亚伯拉罕·马斯洛构建的人类需求金字塔模型是对欲求的一种较好的结构化展示。在这个模型中，生理、安全以及归属上的需要，是一个人作为人的生物性和社会性的基本需求；而获得尊重、自我实现的需求，以及他后来补充的求知需求和审美需求，则是人的精神性的需要。这些合起来就是我们谈到的欲求。

欲求本身是人的自然属性，随着人的肉体存在和自我观念的确立而产生。在商业世界里，所有商业活动都围绕着人类的欲求展开。生产者研究人类的需要，甚至创造更多的需要，让人们的欲求远远超出人的基本需要，而过多地追求更加舒适、便捷、奢华。

人们满足了基本的生理需求之后，就会去追求需求金字塔中更高层级的需求，尤其是实现常人难以实现的目标，完成超出常人能力所及的任务，这种追求常常被称为"自我实现"。

在这个层面上，人类的欲求是无限的。

商业文明为我们带来了许多便利，也带来了许多困扰，让我们"欲壑难填"，造成了大量的资源浪费。工业生产为了满足我们不断升级换代的生活欲求，消耗了过多的资源，造成了全球变暖、环境污染等诸多问题。

我们不断强调控制污染、减排，但如果不从人类欲求的根源上着眼，并且对商业环节直至对企业领导者的行为和心智模式加以检视，所有关于环境保护的呼吁和口号，都不会产生实质性效果。有多少人会直面自我，甚至向内心的欲求发问：哪些是我们必需的，哪些是贪婪所造成的不必要的浪费呢？美国电影《华尔街》中有一句著名的台词——"贪婪是好的"，直截了当地揭露了资本的贪婪本性和无止境的欲求。

其次，对立。这源于每个人与生俱来的自我认同和自我强化的习惯。从马斯洛的需求模型来看，对立是人类出于自我保护的目的而形成的思维习惯，但是从根源上，它来自人类与生俱来的二元思维。二元思维的根本就是主客思维。有我，然后有外在世界；有我，然后有其他人群。二元思维如此根深蒂固，以至于成为我们认识世界、分析世界的基本方法和框架。

就连著名心理学大师肯·威尔伯著名的四象限模型也是建立在二元思维之上的。肯·威尔伯研究了历史上诸多思想家所绘制的包括生物、心理、认知以及灵性等层面的人类发展图之后，认为任何综合性的发展模式都同时包含着一个外在维度和一个内在的维度——"这四种类型的层次实际上描述的就是全子^①的内部和外部，包括它的个体和群体的形式——这样，我们就得到了四象限"。

这种二元思维不仅产生了自我的认知，还产生了自我的认同并使之持续强化。认同了自我，并且强化了自我，就会保护自我，从而和其他事物和观点形成对立。

他人的进入可能会对"我"和"我"所拥有的财物及所属产生侵扰，他人的观点进入可能对"我"的认知产生挑战，而现代商业社会所主张的经济人假设，又进一步强化了这一潜在的对立——经济人假设主张每个人都是自私的，而所有的人在最大化地追求私利时，最终会达至均衡，而市场机制可以为所有自私的人进行最好的资源分配。

在企业层面上，企业领导者和员工会形成企业文化。企业文化的研究先驱埃德加·沙因在《企业文化生存指南》一书中是这样定义企业文化的："企业文化是一个群体在解决其外部适应和内部整合问题过程中习得的一系列共享深层假设的集合，它们在群体中运行良好、有效，因此被群体传授给他们的新成员，并作为其解决类似问题时感知、思考和情感体验的正确方式。"

埃德加·沙因在这本书中讲到企业文化的稳定性层面时提到："群体成

---

① 全子指宇宙间所有的存在物。——编者注

员愿意坚持他们文化中的深层假设，因为这可以让他们的生活变得可预测和有意义。因此，任何可能的文化变革都会引发巨大的焦虑和对变革的抵制。"

然而，当今时代需要不同企业频繁合作，供应链高度整合，这就需要人与人之间、企业与企业之间减少对立性。但事实怎样呢？强化自我的过程恰恰是增强对立的过程，这成为今天所有企业在完成内部整合以及外部协同时挥之不去的梦魇。

虽然罗纳德·哈里·科斯①告诉我们，企业的边界是由内部管理成本和外部交易成本共同确定的。而在进行内部整合和外部协同时，我们发现事情根本就没有这么简单，整合和协同本身就是巨大的成本，这是一种文化成本。而这种成本产生的根源其实存在于人们的内心。包括企业领导者在内，每个人的内心都有根深蒂固的对立情结和排他的个性，尤其对那些已取得卓越成就的领导人来说，这种发自内心的对立力量会更加强大。我们经常说这个人有很强大的自我，自我就是这种强大的自我认同，以及在与他人交往时的一种对立性表现。

最后，执迷。我们对自我的看法以及由自我发展出来的各种观念，有本能的保持倾向，并且常常要强化它。这既是执迷的体现，也是马斯洛需求模型所揭示的心智模式。执迷让我们产生一种幻象，我们所认可的、我们所坚持的，似乎牢不可破、一贯正确、恒久不变。执迷会让我们舒适，也让我们安全，能让我们建立更持久的惯性预期。它会与欲求以及对立信念产生协作，"互帮互助"。

---

① 罗纳德·哈里·科斯，新制度经济学的鼻祖，美国芝加哥大学教授，芝加哥经济学派代表人物之一。——编者注

每个人的执迷是不一样的，对越是熟悉的东西我们就越会产生执迷心理。在企业层面也是如此。那些巨无霸企业之所以倒下，多是因为不能放下过去的成功，不能从明知道已经无法突破的领域全身而退，不敢面对变化的现实而开辟新的领域。

波音公司正是如此，让波音陷入灭顶之灾的 737-MAX8 机型拥有一个已经被使用了近半个世纪的机体结构。在不断应对来自空中客车的挑战时，其不是针对未来的发展趋势去开发出新的单通道机型，从而在体系结构上、在长远战略上与对手匹敌，而是不断对旧机型修修补补，暂时保住自身的优势地位。这其中不乏对自身成功和在业内领先地位的执迷——波音岂会轻易被超越？我们只要在原来的基础上稍加改造，就能挡住竞争对手的追赶。

这些心理暗示及其产生的幻象在企业中普遍存在，这种执迷会导致领导者麻痹大意，认为当下的作为能够延续或再创过去的成功。

介绍完这三种基本的心智模式，我们会从中发现，这些心智模式会和我们与生俱来的自我形成一种顽固的"联盟"模式，互相强化。这些心智模式将自我喂养得越来越强大，而被强化的自我又为这三种心智模式提供更加强大的存在基础。这种"联盟"模式使得这三种心智模式变得牢不可破。

尤其是在现代社会中，我们对独立的自我和个人价值的高度认同，会潜在地强化这三种心智模式，以至于我们不敢去面对，更不敢去揭露内心的这些真实感受。

如果我们从这个立场上回看传统领导力模式，就会发现，无论是要求企业领导者做出表率、具备同理心、共创愿景，还是激励团队、赋能企业，都显露出典型的工具理性特征。而企业领导者也大都在这样一个自我肯定、自我加强的轮回中不自知。这就是今天领导力困境的症结所在。

因此，我们需要新的视角来重新看待企业领导者的心智模式，同时要问我们自己，面向未来，我们应该做出怎样的转变？

心智之轮

我们与生俱来的这些心智模式，欲求、对立、执迷，和我们同样根深蒂固的自我意识形成了一种自我强化的机制。我们在这三种心智模式上不断产生各种意念及相关的行为，会进一步强化自我意识，就像为自我喂食各种食物一样，自我变得更加强壮，而强化后的自我又会产生更强的欲求、更强烈的对立意念和更多的执迷。如此，就形成了一种自我强化的心智之轮（见图 2-1）。

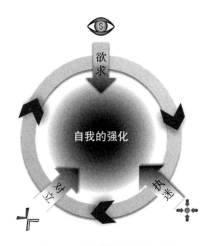

图 2-1　自我强化的心智之轮

　　这种循环有时是三种心智模式与自我的联合循环，有时可能是在某一心智模式与自我的单独循环。由于个体性格差异，每个人所具备的三种心智模式侧重也不一样，有人是这三个方面都比较明显，有人则倾向于某一种或两种。但无论是联合循环，还是单独循环，自我都会不断被强化。这种循环就像我们反向拧瓶盖或拧螺丝，三种心智模式就像三个把手，让我们将这个瓶盖越拧越紧，以致无法打开。

　　我们的心智模式需要通过行为才能被发现，因为内在的心理活动直观上是观察不出来的。那么，这些心智模式会产生怎样的行为以及相应的结果呢？

　　首先，欲求会让我们的行为偏向于索取，就是想要更多，进而发展为占有。这种欲求意念会让我们不停地去索取和占有，即使我们所拥有的已经足够多。在日常生活中，这是非常常见的现象：打开衣柜，我们有多少套衣服？我们不断弃旧换新，不断地"买买买"，就好像我们总缺衣服一样。

　　如果说人们对于日益膨胀的购买欲还有所反省和懊悔的话，在商界和企业界，这种一味追求企业经济利益和企业规模的发展则更倾向于被视为天经地义的，甚至是志存高远、有力有为的。我们即使偶尔会对这种欲求和贪婪产生羞耻感，但还是会将其视为当今企业根本性的运作动力。

　　一名训练有素的销售人员去面见客户时，问出的一个关键问题通常是客户的预算。如果客户有预算，我们继续谈下去，如果没有在一定期限内的预算，也就意味着客户不可能为销售做出贡献，我们就可能弃之而去，即使礼貌含蓄地离开。

这种预先确认预算的行为是"聪明的"，而那种只关心客户需求，但没有及时确认客户预算的行为，即使不是愚蠢，也往往被认为是浪费时间。

这样的训练会不断地强化我们内在的欲念，引导我们对利益做出更多的计较、盘算等行为。

我们很难将这些在职场中形成并内化的心理习惯和日常的生活习惯严格区分开来。因此，在职场上工于"算"计的商企人，在生活、教育、朋友关系等方面也常会如此。

其次，执迷是我们对于那种一定是什么，或者一定要怎么样的观点抱有坚持不变的观念，其根源当然也是来自自我的意识和认知。执迷往往产生固执，乃至僵化的行为。在这里，我们需要强调一下，我们并不是对类似于坚持、坚守、忠诚等似乎也带有执迷心智倾向的行为进行批判。事实上，坚持、坚守、忠诚是另一种意识境界带来的结果，特别是忠诚，忠诚的本意是不背叛，是信用，是承诺。这与我们所谈的执迷，从根源上是不同的心智模式。这在本书后面的讨论中会涉及。我们所要审视的是那种由于盲信一定是什么，一定要怎么样而产生的僵化的观念。

我曾有一家企业客户，他们的董事长非常睿智，管理着一个几千人规模的专业化团队。他认为，在企业里真正有智慧、可以做决策的就只有四五个人，其他人都是执行者而已。但是在企业转型的关键期，他发现自己的理念和计划很难得到实施，所以请我来为他提供帮助。

我发现，问题的关键在于他从来都认为自己是对的，认为他的核心团队制定的策略一定是正确的，总是用一种强压的方式让下面的员工去接受，很少与员工沟通，更谈不上与他们形成共识。我建议他在第二天的研讨会中改换一种方式，他对我的建议将信将疑。

在第二天 40 多位高管参与的研讨会上，这位董事长按照我的事先安排坐在会议室的最后面，不能发表意见，只能够观察。

一开始，会议气氛非常冷，所有人都不愿意先讲话。

我让办公室主任把事先准备好的公司商业模式设计文件发放给每个人，让他们谈谈自己的看法、认识和观点。于是，有趣的事情发生了，竟然没有一个人说出的观点与董事长最初的设想相同，有的甚至截然相反。此时，董事长非常焦虑和紧张，他没有想到自己精心准备、已经"沟通"多次的方案，竟然被理解得这样歪七扭八。他开始在会议室后面不停地走动。

但恰恰在这样一个过程中，每个人开始思考其所在部门该怎样按照公司制定的大方向在不同的业务领域、不同的地区去开展自身的工作。

所以，当问题回到如何按照公司的既定方向去制订一个有效的执行计划时，更有趣的事情发生了。在短短的一个多小时内，所有人都根据公司的商业模式思路，制订了符合自己业务特点的行动计划。

这一幕让这位董事长大为惊讶，他没有想到原来只是视为执行者的团队成员竟有如此丰富的创造力，甚至其中的许多建议和主张已经超出了他的预想。

在会议结束时，他非常感慨，意识到他自身局限性的思维阻碍了大家的思考，也意识到以往总认为自己是公司智慧源头的想法是挺荒唐可笑的。

企业领导者对某个问题的执迷所形成的僵化观点，会局限自身的视野，也会阻碍企业的发展，这是容易被觉察的。还有许多隐性的执念，有时我们很难觉察。

例如，有的企业领导者因为对某种技术或产品的偏好，往往会组建专业开发团队，或者因此而设立一个创业项目，召集一帮人共同创业。而在很大程度上，这个开发方向只是这些人共同的信念而已。当这种信念接收到市场的各种负面反馈时，团队成员之间已形成的执迷让这个团队很难做出退出或舍弃的明智选择，以至于最后"碰得"头破血流，不得不黯然收场。

最后，对立是自我意识的直接反映，是对于所有不是"我"的任何东西，包括思想、信念、团体的排斥。

对立所带来的行为后果往往是对他人缺乏尊重、冒犯他人，有时甚至是伤害他人。

由于内在自我的强大以及维持自我的需要，我们会通过冒犯他人强化自身。反之，如果我们感到自身被严重冒犯了，甚至还会通过伤害他人的方式来保护自我。于是，各种不满、愤怒，乃至暴力行为都可能产生。

这种对立心态随处可见，最典型的就是我们常说的鄙视链，比如一些名校或大型组织系统的人，会鄙视那些他们认为低他们一等的另一群人。在企业内部也是如此，论资排辈，司龄高也会为某些个人带来优越感，甚至成为他们鄙视他人的资本。一些来自不同名校或者不同大型组织的人，也会结成一个团体来排斥与之对应的团体。

许多企业因此付出过沉重的代价，特别是当不能很好地处理企业内部的派系争斗时，轻则造成企业效率低下，重则造成团队分崩离析。尤其是在公司经营困难关头，人员出走、架空管理层等现象不一而足，而其根源之一就在于每个人内在深深的对立感。

通常，图 2-1 所展现的心智之轮会让人产生一种压抑感。的确，这三种心智模式产生的影响是负面的，让我们感到压抑、消极、困扰，但这又何尝不是我们每一天所面对的现实呢？在企业内部，这样的现象如此普遍，只是我们过去没有将它真正地揭示出来而已。

　　揭示这些现象就是为了解决其所带来的问题。在本书的后面章节，我们将从心智之轮的三个方向上探讨解锁心智之轮的办法，以及如何建立新的、正向的心智之轮。

　　在此之前，我们需要对心智之轮的另外一个维度，也就是意识能量层级进行一些深度的探讨。这是心智之轮的意识维度，显现为各样的能量层级（见图 2-2）。从这个立体视角中，我们将看到领导者可以突破自身的领导力局限，打通那些深层阻碍的不同层级的卡点，这个过程伴随着自我的消融。

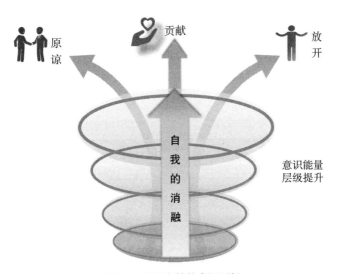

图 2-2　心智之轮的意识层级

LEADING TO LIGHT

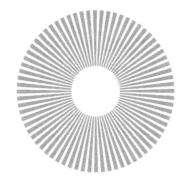

第三章

人类意识的进化

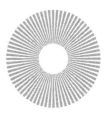

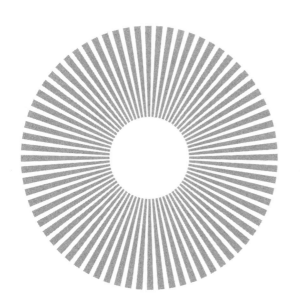

LEADING TO LIGHT

　　管理学是近百年来才兴起的学科，最初着重于政府和非营利组织的管理研究。随着企业这种组织形式的兴起及其带来的经济高速发展，企业管理的研究才逐渐成为管理学中的显学。在德鲁克等一批开创性研究者的带动下，管理学逐渐成为一门备受关注的实践学问。

　　社会的一切思想都会受其所在时代的科学发展的影响，管理学的发展也不例外，其研究范式、思想方法，乃至认知体系，也都深受当代科学发展的影响。作为对世界的深层规律的探究，科学及其所形成的研究方法，既为其他学科提供了源源不断的技术成果，也提供了新的研究方法和思维角度。

　　当今的管理学研究方法正是采用了当代科学的研究方法，即通过对提出的假设反复进行验证，从而得出科学的管理方法。如此得出的管理方法具有可重复性，能够复制，并可广泛推行。但是，管理学的研究又带有极大的主观性，受研究者认知水平的影响很大；加之管理学的研究在发轫之始就注重实践，因此许多管理学研究大师，比如德鲁克、明茨伯格等人都将管理学视为一种实践的技能而非仅仅是科学研究。

　　在过去，管理学多重视科学的范式以及科学研究的成果，常受制于多数专业人士所接受的思考习惯和认知模式。这些思考习惯和认知模式，都反映在人类的意识活动中。人类的意识活动，就包含了这些认知、情绪以及潜意识等我们正在探索的广阔内容。

而今天，随着科学研究的深入，尤其是对于人类意识和世界本质内在关联的深度研究，我们过去形成的一系列定式正在被重塑。可以说，伴随着科学发展的突破，人类对世界的意识也正在面临着一系列重大的更新。

我们将此称为人类意识的进化。

第四次物理学革命的启示

在过去近 400 年间，科学，尤其是物理学、化学、生物学等基础科学，都对管理学思想的形成产生过重要的影响，而其中，物理学对认知世界的方式有着更为根本和深刻的影响。

西方文艺复兴和启蒙运动后，人类开始脱离神学的桎梏，用探索的眼光认识世界，并且寻找其内在的规律。物理学革命就是在这一背景下发生的。麻省理工学院终身教授、物理学家文小刚，在中国科学院物理研究所以《物理的新革命——量子信息：物质和相互作用的起源》为题，讲到物理学发展经历了四次物理学革命。

第一次物理学革命是牛顿力学。英国物理学家牛顿通过万有引力定律统一了天体和地面物体的运动规律。这些规律在天体物理学和基于各种假设条件的封闭系统内极其有效。人类开始自信地发现物理世界的运行不但是可以被解释的，而且是可以被预测的。牛顿也自信满满地宣称，如果知道一个初始速度和初始外力，他可以计算出任何天体的运行规律。可以说，在当时，牛顿力学为人类认知的世界提供了最好的，也是最完备的解释。第一次物理学革命导致了力学革命，催生了以蒸汽机使用为标志的第一次工业革命，从而极大促进了生产力的发展。

第二次物理学革命是电磁学，也就是麦克斯韦对电、磁和光的统一。他先统一了电和磁，建立了麦克斯韦方程。他还发现了新的物质形态——波形态，并在解麦克斯韦方程的波动方程时发现电磁波的波动解所得出的波速，和当时测的光速只差了5%，于是大胆提出电磁波就是光，从而把电、磁和光都统一了。电磁学理论的提出影响了人类的第二次工业革命，电力开始被广泛应用。

此后，爱因斯坦提出了狭义相对论和广义相对论，把弯曲时空这一几何概念和引力作用统一，从而预见了时空弯曲以及光线弯曲等现象，这些预见后来在天体观测中得到了证实，从而完全改变了人类对于四维时空和弯曲时空的理解，将人类的思维带到了光速参照系下的世界。这就是第三次物理学革命。

第四次物理学革命是量子力学革命。文小刚认为，量子革命是最神秘、最不可思议的物理革命。它最本质的特征是对"存在"的认识发生了根本性的改变，这一"存在"方式比我们想象的要多。这个世界是多种"存在"的叠加。

量子力学中有几个著名的实验。双缝实验便是其中之一，这个实验被一些人誉为人类有史以来最伟大的实验。

双缝实验是通过光子的发射装置，向一个有着两条细缝的栅板发射光子，也就是发射最小量的光。按照经典物理学理论，光子应该像被射出的子弹一样随机地穿过两个光栅，形成背板上的两条光柱。但事实并不是这样，单独连续发射出的光子竟然在经过两个光栅之后形成了背板上的衍射条纹，就如同从发射点发出的水波那样，经过两个狭缝形成了波的衍射效应，并留在了背板上。也就是说，单个的光量子是以波的形式传播的，而非以粒子的形式传播。

19世纪初，托马斯·杨发表了一篇论文《物理光学的相关实验与计算》（Experiments and Calculations Relative to Physical Optics），详细阐述了这些实验结果。这一结果引发了物理学界的极大震动，因为在经典物理学理论体系里，世界是由基本粒子构成的，而基本粒子应该遵循牛顿力学的定律，但光子的双缝实验表明，光量子竟然是以波的形式传播的。

稍微改变双缝实验的设计，在狭缝后面装置探测器，专门探测光子通过的是哪一条狭缝，则干涉图样会完全消失，不再能观察到干涉图样；显示结果是两个单缝图样的简单总和。也就是说，当我们试图观测穿过双缝的光量子时，这些光量子就会呈现为粒子的形态，而不再是没有观测之前的波的形态。

量子力学的科学家们给出的解释是，我们试图观测光量子，必然要为它施加一些光子的能量，让光量子的运动轨迹反射到设备观测中，而施加这些能量就会影响量子的传播形态。著名的量子力学的哥本哈根解释认为，光量子的波形即波函数。在观测之前，波函数是无限种可能性的叠加，而当观测之时，它就会坍缩成唯一的本征态。因此，具有波动和粒子双重属性的量子，在人类观测之后，才成为我们观测到的轨迹。

在此基础上，科学家们开始大胆预言：世界的本质就是波动。这也是著名物理学家德布罗意提出的一种假说，即所有的微观粒子，乃至宏观世界的所有事物，都具有波动性和粒子性的双重特性。只是宏观事物的振动频率非常高，波长极短，以我们现有的手段无法观测到它的波动性和衍射效应而已，而微观粒子由于频率低、波长很长，我们可以利用现有技术通过实验进行观察。对此，科学家们一直处于极其矛盾甚至分裂的认知状态，就连量子力学的巨匠玻尔也说："你如果认为你理解了量子力学，那么其实你并没有理解。"

著名的奥地利物理家薛定谔也曾经调侃式地设计了一个思想实验，就是著名的"薛定谔的猫"的实验。

一个密闭的盒子里，关着一只猫，盒子里还有一个衰变概率为50%的放射性物质以及一个毒气装置。如果放射性物质衰变，将触发这个毒气盒子的开关，所放出的毒气会毒死盒子的猫。问题是，此刻这只猫是死是活？

在传统物理学思维中，这只猫是死是活与我们的观测没有任何关系，它是确定的，我们打开盒子的那一刻只是检验一下它是死是活的状态。但量子力学认为，打开盒子观测这个行动本身才决定了猫是死是活，在打开那个盒子之前，猫处于既死又活的叠加态，而打开盒子观测的行为决定了猫是死是活的本征态。

薛定谔这种调侃式的说法，最初只是想让人们知道量子力学的荒谬性。但随着人们对量子力学的研究和实验的深入，这一调侃性的说法竟成为量子力学中最具招牌性的解释。从原理上讲，这个解释与德布罗意的物质波动说是一致的，但更富于挑战性。

事实上，量子力学最有启发性的，当然也是最具有革命性的观点，恰恰在于世界的本质并不是客观的，只有当人类去试图认识世界时，世界才

展现出被人类所能认识的那一面，而这世界的本质可能永远无法知晓。就像在量子世界里，我们永远不知道那个量子的确切位置和状态，我们所看到的只是我们能看到的，而非事物的本质。

量子世界里没有所谓的客观世界，是我们的行为、思想与物质世界共同塑造了我们的观测结果，这不再是毫无根据的假设和假想，而是经过科学实验验证的事实。这一观点既打开了我们对世界存在多种可能性的想象，也让我们对我们所看到的世界的局限性保持一种敬畏，因为它让我们知道，我们无法知道那个被观测的结果在被观测之前是什么。

物理学的这一次革命，让包括爱因斯坦在内的科学家都无法释怀，因为在爱因斯坦的物理学世界观中，世界是确定的，一切外在的物理世界是客观的，应该是可以被观测和衡量的。但科学的实验又让他和其他科学家无法回避量子科学的事实。类似的实验在包括电子、分子等其他粒子上，也相继取得了同样的结果。这意味着我们面对的是一个不确定的世界，而观测到的只是观测行为本身施加影响的结果。

除了让人们彻底转变观念的双缝实验，在这里，我们还需要提一下被称为第二次量子革命的"量子纠缠"这一根本性的量子力学的概念。薛定谔认为，量子纠缠是量子力学的特征性质，它将量子力学和经典思路之间做了一个完全切割。

量子纠缠，简单地说，就是两个暂时耦合的粒子在不再耦合之后，彼此间仍旧维持着关联。例如，一个量子在某个轴向上做某个方向的旋转，那另外一个与它耦合的量子无论距离多远都会同时在同一个轴向上做反向旋转。这里的关键是距离，它的同时性打破了"宇宙最快速度是光速"这一定律，这也是爱因斯坦一直无法解释的物理现象。

而这种同时性和耦合性揭示出微观世界所具有的根深蒂固的一体性，正是量子加密技术的原理。

2016 年 8 月 16 日，我国成功发射了世界上首颗量子科学实验卫星墨子号。科学家经过实验发现，两个量子态纠缠光子，被分发到相距超过 1200 公里的距离之后，仍可继续保持其量子纠缠的状态，而这些就使得绝对加密的通信得以实现。同时，基于量子纠缠原理的量子计算，也被称为未来计算领域的绝对王者，它将彻底打破人类基于半导体计算的物质局限，用极少数的量子就可以达到惊人的计算量。在这一领域，包括谷歌在内的科学家们，正在不断推出新的量子计算的成果。

抛开实践应用，量子纠缠给人们带来的思想上的震撼，就是世界从根本上是一体化的，任何一个微观粒子的变化在宇宙的另一侧一定会有一个相应的变化出现，这种整体性和同时性超出了经典力学的理解范畴，被认为是量子力学标志性的概念之一。

意识与能量

虽然量子力学向我们揭示了人类的参与会改变我们所观察的世界，没有所谓绝对客观的世界，只有人类参与、共同创造的世界，但这并不能让我们完全信服地解释人类的参与可以改变世界，毕竟微观世界和宏观世界的巨大鸿沟似乎依然存在。不过，越来越多的实验和发现让我们开始认识到，人类的参与，特别是人类的独特心智和意识的参与，的确可以影响和改变这个宏观的物质世界，甚至成为新现实的创造者。

具有科学思维的人总会追问一个问题：什么是人的心智和意识，甚至什么是人？在生物学意义上的人，就是肉体生命的存在。但在哲学意义上的人，在今天依旧有着不同的定义。笛卡儿的"我思故我在"为我们提供了一个哲学意义上定义自我的角度：如果人类没有思想、意识、心灵活动，就不能感知自身的存在。但人类的思想活动，或者统称为意识活动，是否会对物质世界产生影响，乃至起到重塑的作用呢？借由量子力学的启发，人们甚至开始猜测，人类的意识及其感知的物质世界，在本质上就是一体的。

意识的能量层级

在意识的能量层级领域中，已经有人开始进行先驱性的探索，并且发现，人类意识可能是带有能量的，并可分为正向能量和负向能量，甚至正向能量和负向能量在意识层级上还有细致划分。

美国著名心理学教授、精神科医生大卫·霍金斯在长达30年的时间里，根据数千人和几百万组数据，逐渐探索出对人类意识进行量化的方法，并绘制出人类历史前所未有的"意识能量层级图"。他的这一研究成果引起了全球精神意识领域的震动，他本人也因此被丹麦皇室授予爵士头衔。

大卫·霍金斯的意识能量层级研究是基于人体运动机能学的研究成果。简单地说，就是人在受到外在信息刺激后，肌肉的力量强弱会发生变化，并且呈现出与意识状态的积极和消极（正向或负向）对应正相关。后来这种方法被引入医疗界，尤其是精神医学领域，精神治疗过程证实了情绪和精神压力会对肌肉力量产生即时影响。大卫·霍金斯的意识能量层级量化表正是对这种影响程度进行了大量的数据分析得出的结论。

下图是大卫·霍金斯的人类意识能量层级模型的简化表述（见图3-1）。

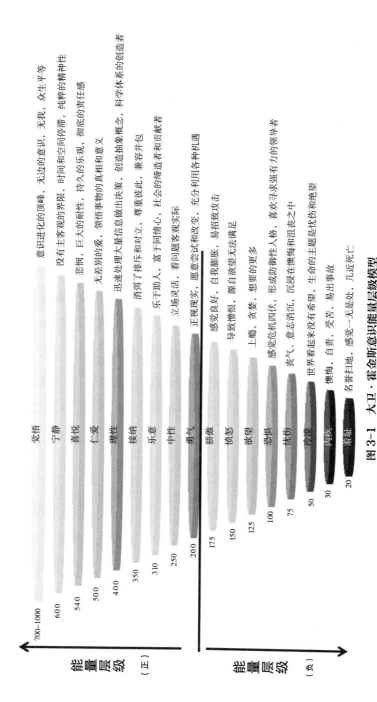

图 3-1 大卫·霍金斯意识能量层级模型

资料来源：摘自大卫·霍金斯所著《意念力：激发你的潜在力量》一书。

这一意识能量层级模型涵盖了从最低级的"羞耻"能量层级到最高级的"觉醒"能量层级，以"勇气"所处的意识能量层级为界限，以下的部分被称为负向能量，以上的部分被称为正向能量。那些负向的心理意识，从层级最低的羞耻、内疚、冷漠、忧伤，到层级高一些的恐惧、欲望，再到更高层级的愤怒和骄傲，这些情绪我们是否非常熟悉？而它们的能量值都是负向的。

人类正向情绪的起始点是"勇气"，也就是那种敢于面对现实的积极情绪，再往上，人类的意识会经历中性、乐意、接纳，这些正向的情绪让人的心境逐渐开阔，能量值一直上升。正向能量的中间阶段是"理性"，这是大多数科学家、法官、哲学家和专业人士所处的层级。一个人如果处于理性之上的层级，一般会展现另外一种精神境界，心态往往是喜乐、积极的。

大卫·霍金斯的研究还揭示出一个更为重要的现象，即人们在不同的意识能量层级上看待世界的视角也是不同的。在《意念力：激发你的潜在力量》这本书中，大卫·霍金斯给出了一个例子。

当我们看到街上的一个老流浪汉时，虽然他衣衫褴褛，孤独寂寞，背靠在一幢豪宅的墙角，但不同能量层级的人内心呈现的现象却是不一样的。

在能量层级为羞耻的人眼中，这个流浪汉肮脏龌龊、令人生厌、行为可耻。在能量层级为冷漠这一级的人看来，这个流浪汉的窘况令人绝望，这是社会无力解决无家可归者的确凿证据。在忧伤这一层级的人看来，这位老人境遇凄惨、无依无靠、无人理睬。到了恐惧这一层级，我们或许会将他视为一种威胁、一种社会公害，即便他没有任何罪行，我们也会打电话叫警察来把他带走。在欲望这一能量层级的人会觉得，他或许代表了一个普遍的令人沮丧的问题：为什么没有人来为此做点什么？在愤怒这一层级的人也许会想，这个老人看起来或许带有暴力倾向。而处于骄傲这一层级的人，或许会视之为一种耻辱，或者认为他没有自尊心，不去改善自己的处境。

当能量层级跃升到勇气这一层级时，我们或许会积极想象，要是当地有一个无家可归人士的庇护所就好了，他所需要的可能只是一份工作和一个住所。再上一层级，如果我们处于中性状态，就可能会认为这位流浪汉看起来没有任何问题，或许我们会说自己活也让别人活，毕竟他没有伤害到任何人。在乐意这一层级，我们或许会决定走到他身边，看看我们能做点什么可以使他振作起来。对于接纳这一层级的人来说，这个流浪者看起来可能挺有趣的，他为什么在这里，或许我们不得而知，或许他会告诉我们一些有趣的事情、有趣的故事。到理性这一层级，我们会因此受到启发，对当今的经济状况和社会病态这一主题展开一项深入的研究。至于在更高能量层级的人眼中，这位老人可能看上去不仅有趣，而且开始显得友善或者可爱，甚至可能是一个愉快的老人：他已经超越了一切俗世的束缚，对身外之物无动于衷，面容上闪耀着岁月赋予他的智慧和真诚的光芒，超然如闲云野鹤。能量层级如果到达宁静这一层级，会认为这一情景只不过是永恒的自我的一个临时表象而已。

在这个例子中，我们会看到对同一个现象，处在不同意识能量层级的人解读的结果完全不同。这一幕是否很熟悉呢？在企业内部，对于同样的问题，不同的人看法永远不一样，有时共识很难达成。如果是不同人的意识能量层级差别太大以致无法达成共识，这样的团队往往会出现各种问题，甚至这种差别会成为大家互相拖累、相互指责的来源。

大卫·霍金斯还提供了另外一个实验结果，那就是超出勇气层面的人是很少的，只占整个人群的 15% 左右，而低于这一标准的人竟高达 85%。整个社会之所以能保持正向能量，是因为那些高能量者对于整个社会能量的平衡。换言之，高能量者虽然人数很少，但他们的能量值足以对冲低能量者的能量值。霍金斯甚至断言，世界上 70% 的问题需要由不到 3% 的人去负责，因为他们的高能量状态可以使这些问题得到改变。在一个企业内部，如果企业领导者自身的能量值很高，意识能量层级很高，就可以带领企业员工更好地前行。

无独有偶，《量子领导者》的作者丹娜·左哈尔，也曾在书中引用了关于企业中人的动机和意识能量层级的关联的研究成果，这一成果整合了马斯洛的需求理论和霍金斯的意识能量层级模型（见图 3-2），同样具有很大的启发性。

意识提升的本质

在意识能量层级中，有一个明确的规律，那就是越是低能量的意识状态，越是封闭自我，越是以自我为中心；越是向上走的意识状态，越是开放。随着自我的消解，自我的偏执也将放下，人们往往会体现出一种更加平和、开阔、乐于奉献于世界的意识状态。

换一个角度说，那些低层级的意识状态并非没有能量，只不过其能量是负向的。这些能量往往用在破坏、伤害、纠结、争斗这些没有建设性的行动上，最终会导致混乱、焦虑、痛苦、挣扎。即便是能量层级最低的内

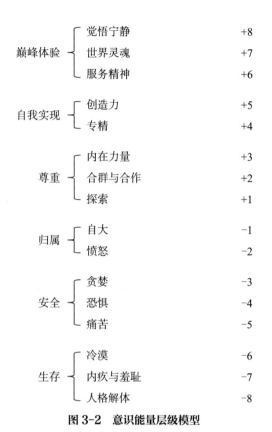

图 3-2　意识能量层级模型

资料来源：摘自丹娜·左哈尔所著《量子领导者》一书。

疚和自责，这些被主动锁闭在人们内心里的负向能量，也会给人造成巨大的痛苦和伤害。逐渐解除自我的防备，开阔心胸，往往能让这些能量从负向转化为正向。

　　大卫·霍金斯和他的同伴们在大量的临床治疗中也发现了病痛和经络的关系以及经络穴位和情绪的关系，在某种意义上这也体现出意识能量在人体内是有通道的。这个发现暗合了中国传统医学理论。而负向能量与人的情绪有关，也正是中国传统医学中所讲的七情致病。

在这里我们需要说明的是，大卫·霍金斯所说的意识能量层级及其所表现出的意识状态，正是我们谈到的心智模式的核心。

如果仔细对照意识能量层级图，就会发现在勇气以下的所有意识层级正是负向心智中的欲求、对立和执迷的内容。羞耻、内疚、冷漠和忧伤，本来就归属在执迷和对立的心智范围内。恐惧在很大程度上也和对立相关，而欲望、愤怒和骄傲则与欲求有关。

同样，我们所谈到的正向心智与正向意识能量层级有关，对应的是在勇气以上的意识能量层级。其中，放开包含了勇气和中性，原谅与乐意、接纳、理性有关，而贡献与仁爱、喜悦有关。

至于更高层面的意识状态，已经超出了这些有形的、可以描述的意识活动。意识能量层级超过"宁静"的人，在大卫·霍金斯的测算中，仅占全部人口的 0.4%，而他们所带来的精神贡献，对人类的长期发展产生巨大影响。这也是我们在下文谈到的中国传统文化的精髓之一。

超越意识和物质

对于更高层的意识能量层级所展现的心智活动，大卫·霍金斯给出了一个专有名词叫"纯粹意识"，意思是在这一层级，意识能量已经被提炼得非常精纯高级。

如果纯粹意识体现为纯粹能量，那么它一定可以在更大程度上带给世界更多能量，也可以在更深层的物质场的生发上起到更大作用。事实上，如果我们反过头来审视中华传统文化，就会知道中华传统文化所讨论的核心话题之一正是与此有关的。

中华传统文化倡导的入世理念

在某种程度上，我们可以认为中华传统文化自古一直聚焦在心智的探索上，而对物质发展缺乏兴趣，虽然中国人并不缺乏发展物质的智慧和技能。

有人认为，中国缺乏古希腊思辨式的哲学，但那种运用抽象思维构建的哲学思辨，并非是哲学的全部，也并非是哲学的终极。

哲学思辨还没有逃脱二元的束缚，诸如主体和客体，绝对和相对，静止和运动，短暂和永恒。借用大卫·霍金斯的意识能量层级的观点，所有这些观点的生成和思辨过程，最多依旧在"理性"的能量层级范围当中，这是大思想家的能量层级。而让他们摆脱这种思辨的习惯，而展现出更加广阔的意识境界，经常是一件非常困难的事情。当到达"宁静"以上的能量层级的时候，人类展现的将是永久的和平的心念，广博的爱和施予，超越时间乃至空间的设限。这在大卫·霍金斯的论述中有详细的说明。

在牛顿物理时代以及后来的工业时代，我们习惯于将物质和意识作为二分，是绝对分开看待的。所幸的是高等物理学，尤其是量子力学的发展，在物质和意识的探索方面似乎正在架起一座桥梁，当然这座桥梁并非我们理解的那种神秘体验，而是严谨的科学研究。

反观中华传统文化，《周易》哲学体系从来都是把形而上和形而下统一在一起的，"道在日用间"就是中国人对这一关系的基本认识。无论是本土产生的道家、儒家思想，还是外来的佛家思想，在千余年的碰撞、融合和互相学习中，都最终反映出中华传统文化的一个突出特征，即无论这些思想中是否有出世的理念，最终都表现出强烈的实用主义和入世精神，这也是中华传统文化不同于其他文明的明显特征①。中国人不尚那种虚悬的思辨，虽然在历史上的部分时期曾经有过这样的思辨过程，例如春秋末年和南北朝时期，因为整个时代的大变动和文化的碰撞，哲人们开始思考一些根本性的问题。但是总体上，中国人偏向于入世，并且所提出的哲学主张和行动都与世间的作为相关。

同时，中国的历史典籍热衷探索领导的真谛。自古以来，华夏民族的发展起伏跌宕、分分合合，在这个宏大的历史过程中，出现了无数杰出的人物，也有过无数兴亡悲欢的历史事件，因此积累了无数关于领导者的故事和如何成为领导者的丰富经验。这些基于实用的经验，最终也被上升到哲学认识的高度，成为中国文化和中国哲学中的重要一环。

老子的"无"

首先，我们讨论一下中华传统文化中道家文化的基本观点。

作为道家哲学思想重要来源的《道德经》里有一句话：

天下万物生于有，有生于无。

这句话的字面意思非常简单：天下万事万物是从有形有相的世界产生的，但这个有形有相的、能够观测的世界，却来自无。

---

① 中国的道家，经常被认为是出世的哲学。但是，个体上，道家提倡"长生久视"延续世俗生命，其"清静无为"等治国思想也在历史上多次用于乱世之后的国家治理。——作者注

　　这个"无"的解释很重要。"无"并不是没有，并不是虚空。无在这里的本意是"不是一切"。所谓"不是一切"，是指它不是我们可以想象、推测、定义，或者把握的某种具体的东西。当然，它也不是那种死寂的空无。因为它一切都不是，所以它能够生万物。

　　如果说在过去我们对这个"无"即"不是一切"的观点无法理解，那么结合量子力学中所谈到的观察测量之前的物质波的叠加态就非常容易理解了。在我们对事物进行观察、测量、定义、分析之前，那个事物是没有具象的，但又是包含所有具象的叠加态，具有一切的可能性。当人类用自己的观念、意识、思维去探索时，这个物质波就塌缩成某一种具体形态，就是"有"，而这个"有"会继续和其他各种"有"不断地干涉、掺杂，产生出新的形态。所以，在中国传统文化的语境中，"无"，并不是否定一切的虚无，它所描述的是这种能包含万物的而不呈现某一具象的状态。在道家文化中，这个无法描述的、可以生"有"的"无"，也称为"先天"。

　　事实上，这种透达事物根本的陈述，在佛教中也是常有讲述，佛教禅宗的怀让祖师就曾经说"说似一物即不中"，意思就是对那个本源的东西，如果你把它描述成某一种具体事物，它就已经不对了。这个根源既不是物质，当然也不是意识，我们的意识可以去测度、揣测，但当我们的意识开始参与测度、揣测时，它已经不是那个什么都不是的"无"了，而变成了某种特定的"有"。

　　有人会说，这不是陷入不可知论了吗？它并不是不可知论，就好像万物的叠加态，我们知道它的存在，我们无法形容，也无法干预，因为那样得出的结果不再是它原本的状态。

儒家的"中"

在故宫中和殿里，有一个横匾，上书四个字"允执厥中"。据传，这是上古的尧帝禅让给舜帝时，赠予他的四字心法。这四个古奥的汉字传达的是一个非常简洁明了的治国心要，当然也是作为领导者的心性法则。它的意思就是要非常恰当地执行"中"的法则。所谓"中"并不是我们后来所谈的行事不偏不倚，这个"中"是中华传统文化区别于其他文明最核心的哲学要义。要理解这个"中"字，需要回到《中庸》这部重要的儒学经典。什么是"中"呢？《中庸》里这么说：

喜怒哀乐之未发，谓之中；发而皆中节，谓之和。中也者，天下之大本也；和也者，天下之达道也。致中和，天地位焉，万物育焉。

这里的"中"指的是喜怒哀乐之未发，不是说要对行为进行调和，如果结合我们前面谈过的量子力学的叠加态，大家是否对这个"中"字又有了新的体悟呢？这个"中"字，指的就是没有任何干涉，也没有任何思虑在里面，就是老子说的"无"。

至于后面讲到的"和"，指的是与万物的调和，这个才是我们一般人所理解的在行为上中庸的意思。中国的儒家将中庸抬到非常高的位置，说"致中和，天地位焉，万物育焉"。认为整个天地系统都在"中和"里面，而万事万物的生长发育也在"中和"里面，所以作为一个能够体察万物之道的领导者或者君主，若能做到这一点，就可以统帅所有的人，并走在正当的领导道路上。

据《尚书》的记载，当舜把他的帝位禅让给禹时，他在这四个字基础上又增加了十二个字，成为后来儒门所说的十六字心传。

人心惟危，道心惟微，惟精惟一，允执厥中。

"人心惟危"讲的是人的欲念心、思虑心是很凶险的；"道心惟微"讲
的是合于大道的这种体认是非常微妙的；"惟精惟一"讲的是如此的精纯、
如此的统一，没有偏离；"允执厥中"讲的是要非常恰当地去执行"中"的
法则。儒家将这十六字心传作为一个领导者统御天下的基本原则。

所以，我们看到，"道心惟微"也罢，"惟精惟一"也罢，都是为了最
后的"允执厥中"，而这个也正是我们所谈到的那个"无"，也可以理解为
量子力学中的叠加态。它不是物质，也不是精神，因为如果是物质，就与
所谓的心无关；如果只是精神，就无法与现实世界发生作用，所以它是超
乎其中，超乎两者，但又统摄两者。

用西方文明所擅长的哲学二分法来看待"中"的含义，是无法深入其
中的，这也是为什么量子力学提出这些惊世骇俗的实验证据之后，物理学
界也好，哲学界也好，许多人都无法理解。因为平常人的思维都陷在二分
法的境界里，是这个或是那个，或者既是这个也是那个，或者不是这个也
不是那个，这些都是二分法思维的模式。只有跳出二分法的束缚，才会对
这件事情有一个根本的体悟。

佛家的"离一切相"

佛法传入中国以后，有一部极其有名的经典，可以说是家喻户晓，那
就是高僧鸠摩罗法师翻译的《金刚经》。今天我们就算是没有读过《金刚

经》，也都大体听说过这个名字。《金刚经》里佛陀说："凡所有相皆是虚妄。若见诸相非相，即见如来。""诸众生无复我相、人相、众生相、寿者相、无法相亦无非法相。何以故？是诸众生，若心取相，则为著我、人、众生、寿者；若取法相，即著我、人、众生、寿者。何以故？若取非法相，即著我、人、众生、寿者，是故不应取法，不应取非法。""一切有为法，如梦幻泡影，如露亦如电，应作如是观。"这些经句告诉读者，我们所体验到的，只是万物的表象，而我们不应该被表象蒙蔽。需要离一切相，才能与之相应。万物的本质不是有，也不是无，不是好，也不是坏，它广阔得没有范畴，包含一切，但又不是一切。这和前面所讲到的道家"无"和儒教的"中"，都是同样的道理，这和量子力学中的叠加态，是否有微妙的关联呢？

据《景德传灯录》的记载，菩提达摩来到中国后，与当时非常尊崇佛教的皇帝梁武帝有一番对谈。

帝又问："如何是圣谛第一义？"师曰："廓然无圣。"帝曰："对朕者谁？"师曰："不识！"帝不领悟。

"南朝四百八十寺，多少楼台烟雨中"，反映的就是梁武帝大兴佛教之事。尊崇佛教的梁武帝自然想从圣贤口中得到关于真理的教诲。所以，他开始提的问题就是关于真理的："什么是圣人认可的真理呢？"菩提达摩回答说："本来宽广无碍，没有圣人这回事。"当时的梁武帝一定非常吃惊：都说西天印度来了圣人，我当面请教，他怎么会说没有圣人这回事呢？于是追问："那在我面前的这位是谁呢？"菩提达摩回答道："不认识！"

这番对话彻底让梁武帝懵了，菩提达摩发现面前的"佛教皇帝"也只是喜好表浅的形式，对于他要表达的真理一点也不明白。于是，菩提达摩离开了南京，辗转到了嵩山少林寺。

梁武帝用有形有相的思维追求所谓的真理，菩提达摩回答的恰恰是真理的实处。但梁武帝无法抛却自己的认知，无法和菩提达摩的教导契合。

当我们试图用概念思维去定义和理解某个事物时，它已经不是那个本质了。因此禅宗要求"不立文字，教外别传"，即学习者要离开文字，离开意识。禅宗对中国传统文化的震撼是巨大的，但本质上又是和中国传统文化的核心完全一致的。

"二入四行"是菩提达摩禅法的核心内容，《续高僧传·菩提达摩传》对此有详尽的记载。所谓"二入"是指"理入"和"行入"。"理入"，就是在道理上明白；"行入"，就是在行为上必须与道理相契合。这个概念是否和王阳明的"知行合一"非常类似呢？其实菩提达摩讲的更加透彻。

关于"行入"，菩提达摩专门讲授了"四行观"。"四行观"包含有四类关键的行为，称为"报冤行、随缘行、无所求行和称法行"。这四种行为实际上都是基于无为的，也就是对自己所遭遇的、所经历的不施加任何干扰和干涉，让其自然发生。

实际上真正达到如此境界的学人是很少的，所以菩提达摩说禅宗法脉传到后世继承者手里时，"说法者如过江之鲫，行法者如凤毛麟角"，就是这个意思。

所以无论是道家思想、儒家观点，还是佛家理论，最终都是导向"行"，这个"行"，就是实践。

和西方哲学相比，中国哲学更加注重实践。虽然在中国历史上也曾出现过魏晋"清谈"这样的思辨之风，但在总体上，中国哲学是一贯强调实践的重要性的。如"致知在格物""听其言观其行"等语，都是在强调实践的重要性。

所以中国并不是没有哲学，中国只是少有那种纯粹思辨意义上的、用于思考和辩论、与实践不相关的纯粹哲学。

中国的哲学一方面与实践相关，另外一方面和培养真正的领导者相关。现在如果我们真的明了中华传统文化的精髓，看到其和量子物理以及意识能量层级的关联时，就会明白人类最终的探索都会渐渐地趋向于共同的目标。

超越二元

从根源上，中华传统文化是超越二元性的。二元性是一个哲学用语，指的是我们看待世界总是站在一个对立的角度，我—你、人—世界、主观—客观、善—恶，乃至于道—气、形而上—形而下，等等。这是中华文化和许多文化的根本不同之处，也使得中华文化在根源上透出一种独特的精神。

《道德经》一开始就说"道可道，非常道"，这六个字可以说是《道德经》的总纲，但对这六个字的解释，自古以来也是众说纷纭、莫衷一是。

第一个"道"，我们可以勉强解释为本体，就是老子想要表达的万物的根源。对第二个"可道"的"道"解释有很多，有人说这个"道"就是表达言说的意思，有人说这个"道"是道路的意思，是到达的意思。但我的解释是，这个"道"就是一个比喻，老子的意思是如果道可以用得到的方式来理解，那就不是恒常不变的道。

　　实际上，从一开始老子用六个字就把他的哲学内涵讲完了，或者说得更直接一些，后边都不用看了。因为"可道"的就是想去得到，或者说想去到达，或者按照现在人的意思说，想去说明白的，都已经不是那个道的本体。如果大家已经领悟了量子力学的本质，以及我前面所说的老子讲的"无"，还有儒门所讲的"中"的道理，就会对此有新的体悟，其实讲的就是一回事。

　　至于《道德经》五千言后面的文字，都是不得已的阐发，也是为了让世人减少迷惑，趋向大道而铺设的道路而已。

　　所以从哲学上，中国的先秦文化已经达到了一个非常高的境界，这也为后来东汉三国两晋时佛法的传入奠定了基础。

　　佛教经典《金刚经》最核心的要义就是四个字："无相布施"。所谓"无相"就是没有任何具象可寻，"布施"就是给予、奉献、付出给世界。为什么这样说呢？

　　《金刚经》中记载了须菩提向老师释迦牟尼提出了这样一个问题：

　　世尊，善男子，善女人，发阿耨多罗三藐三菩提心，应云何住，云何降伏其心？

　　意思是，这些善良的男人和女人们，当发起了无上正等正觉之心之后，在日常应该把这个心安住在哪里？如何降伏这个躁动不安的心呢？

　　可以说，须菩提尊者询问了一个让所有人关注的问题：每个人无论财富多少，声望如何，学问怎样，乃至寿命几何，其实最终都是希望心安，让我们这个充满着各种欲求、烦恼的心可以安定下来。尤其是那些追求无上真理的人们，如何让这个心安定下来呢？

在《金刚经》里，佛陀是如此回答须菩提的：

诸菩萨摩诃萨应如是降伏其心：所有一切众生之类，若卵生、若胎生、若湿生、若化生，若有色、若无色，若有想、若无想、若非有想非无想，我皆令入无余涅槃而灭度之。如是灭度无量、无数、无边众生，实无众生得灭度者。何以故？须菩提！若菩萨有我相、人相、众生相、寿者相，即非菩萨。

复次，须菩提！菩萨于法，应无所住，行于布施。所谓不住色布施，不住声、香、味、触、法布施。须菩提！菩萨应如是布施，不住于相。何以故？若菩萨不住相布施，其福德不可思量。

这一长段文字对这个问题进行了答复。简言之就是，一个下了追求无上真理决心的人，他要利益一切众生。这里的众生不仅仅是人类，还有各种非人类，不仅仅是我们可以看到的，还有我们看不到的，甚至超出我们想象的各种处于精神境界的众生，都要度化他们，让他们摆脱六道轮回。即使是这样做了，也实在没有任何众生可以度的，原因是如果我们对于自己、别人、众生、寿命长短有了分别心的时候，就已经算不得菩萨了。

然后佛陀又说，对于佛法，菩萨应该没有任何的"住"，即不应该有任何黏附和执着。给予，就是最好的修行。但不要执迷于物质布施，不要执迷声、香、味、触、法等，菩萨看待布施，不要拘泥于表象和形式。如果菩萨能够做到无相布施，得到的福报和功德会多到不可思议。

一些观点认为，这段文字奠定了大乘佛法在中国哲学甚至中国传统文化中的至高地位。因为它揭示了人们获取幸福、实现人生意义的真谛——消除执念，消除分别心，尽自己所能对别人、对众生、对世界奉献自己。

同时，佛陀也揭示了另外一个道理，没有执念，一味付出而不求结果，反而会得到无可限量的福报。

因此，佛教在传入中国之后，就设立了一个非常高的标杆，那就是度化众生，没有任何欲求地进行贡献、给予和布施。这种精神实际上是和中华文化流传下来的重要精神是一致的，它扩充了老子哲学中那种清静无为的思想，将老子的境界从对宇宙真理的体认，扩大到了日常之中。

这种大乘佛法思想和儒家思想中的"大道之行也，天下为公"，合为一处，逐渐成为中华文化的主流之一，成为很多中国人几千年来的精神信仰和追求。

在这里特别需要强调的是，无论是在老子的思想中，还是在传入中国的佛教思想中，都是不推崇"自我"的，反而是从一种修正的角度，认可"无我"。

这在哲学根本上是很透达的。因为正如今天的心理学所揭示的那样，"自我"只是我们意识认知的一种投射，而这个认知的源头今天很多人还在苦苦探索。

但在中华传统文化里，我们知道根本不用去追寻这个源头，只要为了众生的福祉和安乐，无条件地贡献、布施，最终就是合于此。这是一种宇宙的自然法则。

中国人的这种入世奉献的精神，传至数千年，到了近代，中国处于民族危亡时，也有人呼唤这种内在的奉献精神。鲁迅先生在《中国人失掉自信力了吗》一文中就说出了一句让后世中国人非常感佩的名言：

我们从古以来就有埋头苦干的人，有拼命硬干的人，有为民请命的人，

有舍身求法的人，虽是等于为帝王将相作家仆的所谓正史，也往往掩不住
他们的光耀。

这就是中国的脊梁。

生命的意义

探索到这一步，人们自然而然会问，那么生命的意义到底是什么呢？
或者说生命到底有没有意义？

对一个领导者来说，这个问题很重要，因为如果领导者不能把领导行
为和生命的意义联系在一起，在遭遇困难时就会产生行为和认知的不协调。

的确，生命的意义，所有人都曾经追寻，或者正在追寻。有人说，生
命可能真的没有什么意义，所有的意义是我们人为赋予上去的。但我认为，
如果说生命有一种绝对意义，那就是追求究竟真理，我们的所有行为、我
们的所有思考如果能够和"究竟"①保持一致，似乎也就找到了生命的意义。

中国文化注重人与天道的相合。无论是高高在上的君主，还是普通百
姓，都将与天道相合作为自身行为的指南。《礼记》里说"自天子以至于庶
人，壹是皆以修身为本"，就是这个意思。

在老子那里，因为对道有了明确的指向，所以后世学习道家思想的人
常常按照老子的教化回到道那里去。但老子又讲得很清楚，"失道而后德，
失德而后仁，失仁而后义，失义而后礼"，人们的心智和行为已经逐渐下沉

---

① 佛语：最高境界。——作者注

堕落，以至于到了"礼"的境界。在今天看来，古代的礼乐文化依旧是行为规范的非常高的境界，不过以老子的眼光看，这已经堕落得一塌糊涂了。

如果我们和大卫·霍金斯所提供的意识能量层级做一个对比，也能找到一些有趣的关联。如果把老子的道与最终的"觉醒"对应，我们会发现所谓的德就是"觉醒"之下的"宁静"和"喜悦"，而仁和义就是"仁爱"。而礼应该对应在"理性"层面。总之，这些都属于正面心智模式。

从人的内在本性来说，我们知道趋向于那个更高的人生境界是美好的，所以才有期望之心。因此，后世产生的大量的行为规范和道德教化让人们舍弃那些低等级的行为和思考，而转向高等级的行为和思考，这就是中华传统文化在几千年来所一直倡导的。

大乘佛法传入中国后，与中国先贤们所倡导的内容发生了进一步的融合，特别是大乘佛法中所揭示的"究竟"境界和中国儒教道教所倡导的行为之间有着更进一步的密切关联。因为在大乘佛法看来，世界的本质是无法言说的，我们的任何解释、思考、判断都是我们的主观猜测和臆想，这和中国传统文化本质中对于世界本质的理解是高度一致的。而《金刚经》所提倡的无相布施，正是为了让我们普通人可以趋向于与这个本质相融合。

为什么要做布施？为什么要做一个贡献者？为什么要将自己的所谓好的东西舍弃掉贡献给他人？道理非常简单，如果世界的本质是佛家所说的无常，一切本来没有什么可以去抓取和执着，它的本质是所谓的空性，那我们任何执取、拥有、获得的念头都只是愚蠢的习性的表现。而布施，恰恰是让普通人远离这个根本的诱惑，舍弃对物质利益的贪求甚至精神追求，因为这些不过是一种妄念。

菩提达摩在《四行观》中说"为除烦恼，而行六度"。也就是说，因为每个人与生俱来有贪念，所以强调布施；因为有各种伤害他人的欲念和行为，所以强调持戒；因为我们的情绪经常受外界影响而爆发，所以强调忍辱；因为普通人总是懈怠放逸，不愿做正确但艰苦的事情，所以强调精进；因为我们总是很散乱不能稳定持续地做恰当的事情，所以强调禅定；因为我们对这一切的本质并不了悟，所以强调智慧。这六种方法，是为了除去我们的烦恼，如果这些烦恼已经没有了，那六度的方法也就不需要了。正如《金刚经》中所说的"如筏喻者，法尚应舍，何况非法"。这些方法好比是渡船，如果已经到达了彼岸，当然这些船就不用了，如果还背在身上那是不是很笨呢？

因为大乘佛法的影响，中国历代的士大夫阶层和受过教育的知识分子，乃至普通百姓，对于舍弃这些无谓的欲望，以及欲望的过错都有着深刻的认知。清朝政治家林则徐任两广总督时，在总督府衙题书的对联："海纳百川，有容乃大；壁立千仞，无欲则刚。"体现了他对此的理解。

中国文化已经有数千年的传承，而今天我们重新回看这些文化的本源，就显得尤为重要。在中国传统文化中，即便不是为了与道相合、与法相应，仅仅是在世间作为一种合理的生活方式，即贡献于社会，而非一味索取，也应该是一个人的基本人生观。

我们每个人来到这个世界上，从出生那一刻起，受到了父母的养育、国家的护卫、他人的帮助和给予、自然环境的馈赠等等，我们受到的恩惠如此之多，而我们如果不能够去加以偿还，就有悖于作为人的基本价值，这是在中国文化中一直强调的价值观。中华传统文化推崇知恩图报、救困济贫、行孝道，这些都是作为个人回馈世界、回馈他人的基本素养。

这里面深厚的伦理乃至哲学意味我们已经做了介绍，还有另外一种深邃的哲理融合在中华文化的血脉中，那就是深刻的因果观，也就是每个人要为自己的行为负责，每个人的行为会影响到自己的未来。甚至在中国人的家族观念中，每个人的境遇、生命状态也会受到先祖和其他亲友行为的影响。

在《周易·易传》中就提出"积善之家，必有余庆；积不善之家，必有余殃"的观念，这种因果观随着大乘佛法传入中国以后，得到了进一步的强化，这个观念已经深深地渗入中华文化的血脉中。

科学发展到今天，量子纠缠理论已经从物质层面上让我们清晰地认识到，物质世界中发生的任何一种运动，都会相对应地产生一种反向运动。世界不是我们看到的一个孤立的单向的世界，而是永远同时存在一个对应物与之相互影响相互纠缠。在我们所生活的这个相对时空中，有可能我们感受到的是有时间落差，但事实上每个行为乃至心念的影响都不会消失，所遗留的能量的影响也会持续保存，然后会在某一刻发生出来。老子在《道德经》中对此的总结是，"其事好还"。

有趣的是，大卫·霍金斯在关于意识能量层级的研究也对此有直接的表达。所谓的神性观，我们可以将其理解为中国传统文化中常表达的天道观。

如果我们逐一对照去看一下，从天道观的行为和人生观所体会到的人生境遇以及相应的意识能力层级，就是完完全全的一对因果关系（见表3-1）。

表3-1　意识层级中的天道观和人生观

天道观	人生观	层级
本我	存在	觉醒
全人类	完美	宁静
唯一	完整	喜悦

（续）

天道观	人生观	层级
忠诚	善良	仁爱
智慧	意义	理性
仁慈	和谐	接纳
灵感	希望	乐意
授权	满足	中性
包容	可行	勇气
淡漠	苛刻	骄傲
复仇	敌对	愤怒
拒绝	失望	欲望
制裁	可怕	恐惧
轻视	不幸	忧伤
谴责	无望	冷漠
报复	邪恶	内疚
蔑视	悲惨	羞耻

我们如果曾经蔑视过他人，那今天就会遭遇悲惨的人生境遇；我们如果曾经谴责过他人，就会一样在今天遭受无望的体验；我们如果曾经制裁或者让他人痛苦，那今天也会经历可怕和恐惧的感受；我们如果曾经报复、仇恨过，那今天所经历的人生也是那种敌对和愤怒的。凡此种种，告诉我们所有的人生际遇的根源和我们所处的能量层级，都与过去的行为有关系。

今天的科学尚无法完全理解在意识层面的因果关系以及能量层级的分布，但从这些先驱性的探索中，以及数千年的传统智慧中，我们都对此有一个清晰的认识，那就是一切的结果都是自己过去种的因。

这就是为什么说无私奉献才是生命的真谛。

中国春秋时期的思想家墨子主张兼爱和非攻，他有一句名言很好地说明了中国文化中这种贡献和服务天下的开阔精神，"摩顶放踵，以利天下"，也就是说一个人要全身心地为世界做贡献。

从大卫·霍金斯的意识能量层级图上看，对应"仁爱"层级的奉献行为是高能量的吸引子①，可以让我们的人生境界变得更加开阔，走出低端的心灵意识。

奉献之外，我们还应该去除执念，放下自我。因为一切世界的显现，都是相对的，不是绝对真实的，量子力学向我们揭示的这个道理在哲学上也完全成立。那么还有什么好执着的呢？还有什么好抓取的呢？况且世界本身就是在不断变换中，没有什么是绝对真实和可靠的。就像孔子所说："逝者如斯夫，不舍昼夜！"万事万物乃至世界都在这样不断地流逝，我们可以留下什么？我们可以抓住什么？所以当一切事物过去时，就让它过去，当消散时也不用追悔，这样的人生是否会更加豁达宽广一些呢？

此外，我们应该行宽恕之道。原谅那一切让我们不愉快的，让我们痛苦的。原谅，与其说是对别人的宽恕，不如说是自我的救赎。从大卫·霍金斯的能量层级图上可以看出，从怨恨到接纳，会让自己能量提升好几个层级。能够原谅一切，一切事物、一切人，这样我们的能量境界就会从低层次跃升到高境界。

贡献、原谅、放开，恰恰对应于我们前面提到的欲求、对立、执迷这三种消极的心智模式，是对他们的反向和对治，我们在下面会详细地介绍我们解决心智之轮中那些负向心念的办法，也就是转化我们的心智之轮。

---

① 一个系统有朝某个稳态发展的趋势，这个稳态就叫作吸引子。

LEADING TO LIGHT

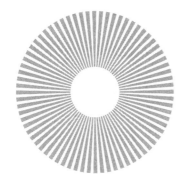

第四章

企业领导力的跃升

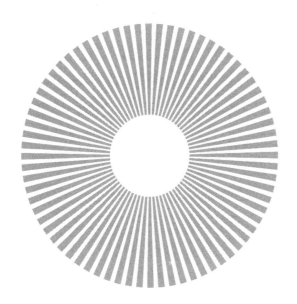

LEADING TO LIGHT

科学的发展为我们提供了许多关于意识与能量、意识与物质之间关联和互动的研究成果，让我们得以重新检视自身的心智模式、行为和结果。那么，每个人，尤其是企业领导者，如何打开心智中紧闭的自我，将自我从欲求、对立和执迷中释放出来呢？我们给出的方法是"解锁心智之轮"。

解锁心智之轮

要想让原本强化的自我逐渐消解，并且让我们的意识能量层级达到更高的等级，我们需要反思原来那些自我强化的心智模式，找到对治的方法（见图4-1）。

在我们根深蒂固的心智模式中，有一种心智模式叫欲求，我们需要将其转换为一种新的心智模式——贡献。

所谓贡献，就是我们由衷地愿意为他人服务，其中，他人包括同事、家人和邻居，也包括我们生活其中的社会。通过基于贡献的心智模式，我们可以削减欲求。

图 4-1　解锁心智之轮

　　有人认为贡献是被迫做出的，认为自己是被要求做出贡献的。这都不是真正的贡献。真正的贡献是一种发自内心的主动行为，贡献物质、心力，甚至贡献一个美好的祝愿，这些都是贡献。这一过程的核心是把我们过去的索取和占有的行动转化为给予和付出。如果一个人能够逐渐改变欲求的心念，而将其转化成贡献，他的内心就会越来越敞亮，越来越光明。

　　在我们根深蒂固的心智模式中，还有一种心智模式叫对立，我们需要将其转换为一种新的心智模式——原谅。

　　有人可能会问：对于对立，我们需要的为什么是原谅，而非包容呢？包容固然能够避免双方的对立与冲突，但包容者往往并不了解对立与冲突背后的深层原因，其后果常是维护了当下的"其乐融融"，没有消除对立和冲突的根本诱因。如果理解了大卫·霍金斯意识能量层级示意图中关于天道观和人生观之间的关联，我们就会知道，许多对立和冲突是我们过去各种类似的心念造成的，但这种心念的解开需要通过原谅的方式完成。这超乎了许多人的理解，但在实践中，原谅非常重要，而且高度有效。事实上，世界上许多的智慧传统都是在教我们去原谅，去悔过。当我们学会原谅时，自然就会包容和接纳这一切。原谅是我们真正地解开自我枷锁的关键一环。

在我们根深蒂固的心智模式中，还有一种心智模式叫执迷，我们需要将其转换为一种新的心智模式——放开。

放开，就是一切都放开，没有什么大不了的，没有什么过不去的，要让这种新的心智模式成为我们主流心智模式的一部分。如此，我们就会逐渐对那些过去看似极其严重的、不能放手的、牢不可破的心智模式、观点、行为持一种完全不同的看法，最终发现没有什么是不能放开的，如同凯恩斯所说的，"最终我们都死了"。当我们来到世界，什么也没有带来，所以也没有什么可以一直抓在手里。持这种心念会让我们拥有豁达的人生观，以对治我们根深蒂固的执念。

当我们被自我强化的枷锁困住时，贡献、原谅、放开这三种新的心智模式给我们提供了三个解锁的把手，用这三个把手，即可反向拧开，拧开那个顽固的自我。

我们不断使用这三个解锁的把手，就会发现，那个曾因被不断强化而变得极其坚固的自我开始逐渐消解。如果在这一过程中，我们有幸可以将人生的意识境界提升到"宁静"以上，那个曾经顽固不化的自我会几乎完全消失。它并没有演化成我们一般人所称的"大我"，那只是我们的一种"小我"的放大而已。自我完全消失了，与万物融为一体，其就是万事万物，本身没有差别。获得这种崇高的体验，我们不需要复杂的修行步骤，需要的只是让过去对于自我的强化逐渐松开、消散，而最终趋于那种广阔的精神境界。

今天所有的组织，无论是商业组织还是非营利组织，要完全建立以上三种新的心智模式都是非常不容易的。但这三种心智模式，无论从哪一个开始践行，都会使这些组织产生全新的变化。而这些组织的领导者，也定会经历全然不同的提升，拥有高尚的品格、非凡的魅力和超高的领导力。因为领导者在塑造新的组织时，也在重新塑造自身的领导力。

学会贡献

学会贡献是解锁我们心智之轮的关键一步。说起这个话题，许多人可能会不解：人人都在贡献，还需要学习吗？我们不是经常被要求或被建议要为社会做贡献吗？这个话题似乎没必要讨论，但实际上大有探讨价值。

在一次诸多企业家参加的研讨会上，我请参加者写出他们在未来一年需要达成的目标和完成的任务，大家很快就洋洋洒洒地写了许多。为了区分这些任务的重要性和紧急程度，我要求他们对这些任务按优先级排序。这倒花去他们很长时间。可见对他们来说，写出"想要的"任务是一件非常容易的事，但是因为想要的太多，排出目标的优先级别却显得比较困难。

然后我又对他们说："请你们写下来在未来一年可以为世界做出哪些贡献。"这时，许多人就"卡"住了，甚至有人左思右想也写不出恰当的言语。

这反映了一个现今普遍存在的现实：虽然我们经常嘴上讲要为世界做贡献，但在行动上并没有做到，而且与我们向世界索取的成就相比，我

们的贡献显得那么微不足道。所以，我们重提贡献这一话题，就显得尤为
重要。

但有人可能会提出一个尖锐的问题：我们为什么一定要为世界做贡
献？我们创造了商业价值，得到回报是天经地义的事。每个人把自己照顾
好，世界就会美好。

事实上，这些观点我们在前面已经讨论过，这些都是在自我基础上发
展起来的价值观。对每个在商界和企业界工作多年的人来说，放弃索取和
欲求非常困难，但如果我们告诉他，由衷的贡献可以带来更大的回报呢？
他们可能愿意尝试。

事实上也正是如此，发自内心的基于贡献的行为可以带来意想不到的
成果。而那些伪装在创造价值口号下的欲求和索取的行为，反倒会限制组
织和个人的发展。对此，我们需要对更大的贡献就会得到更大的回报这一
因果关系有一个清晰的理解和认知。

因和果

企业领导者在战略层面上一直存在一个困扰：什么是企业战略讨论的
起点？

许多人将实现自身的梦想作为起点，通俗地说，就是达成什么样的目
标，把企业办成什么样子。于是，我们提出激动人心的愿景，以此激励自
己、激励团队，甚至以此吸引客户。

不过，现如今越来越多的人认识到企业的立身之本是创造什么样的价
值。所谓创造价值，就是企业为客户、为市场、为利益相关者做出什么样

的贡献。

两者的出发点是完全不同的。

企业愿景的出发点是实现自身的目的，而创造企业价值的出发点是为他人做出贡献。哪一个更根本一些呢？显然是创造客户价值、为他人做出贡献更为根本。当我们做到这一点时，实现企业的愿景就变得水到渠成。而如果企业以实现某种目标、达成某种目的为根本，甚至采取不恰当的市场营销手段试图获得更多的关注和流量，不管是在现在，还是在未来，这样的企业都会遇到越来越多的困难。

近些年，我们经历了许多企业的沉浮起落，太多的案例与此相关。它们为我们提供了鲜活的经验和教训。

乐视网创立于2004年，其创始人贾跃亭曾誓言要将这家公司打造成基于视频、内容和智能终端的完整生态系统，要打造一种新的乐视模式。当乐视网在2014年、2015年有了狂飙突进式的发展时，许多人大受乐视的愿景鼓舞，对此抱有高涨的信心。投资者大举进入，一些管理学者也惊呼业界出现了一个"新物种"，那就是乐视！

但我们如果冷静分析，就不禁会质疑，彼时的乐视到底创造了哪些与众不同的客户价值和社会价值，从而引得人们如此追捧？当2016年、2017年乐视爆出资金链危机时，许多人才蓦然发现，狂飙突进、不断造势、吸引眼球的乐视，实际上是在用各种营销题材和噱头吸引各路投资者，旨在通过他们的投资来弥补自身在快速扩张过程中孵化业务产生的资金短缺。在这一期间，乐视网自身的主营业务并没有获得长足的发展，公司的资金和现金流主要来自二级市场的股份增发和各种信托类融资。直到2017年危机爆发，乐视网飞速发展的泡沫才突然破灭。

乐视网于 2020 年 1 月公布的财务报告，告诉人们一个惊人的现实：2019 年，乐视网预计亏损超过 113 亿元。实际上，乐视网也于 2020 年 5 月 14 日收到深交所下发的终止上市的决定。

在乐视网狂飙突进的那段岁月里，与之随行的一个热门概念叫作"互联网思维"。人们似乎发现提升企业竞争力的捷径，就是拥有一种在互联网时代所独有的经营手法和业务模式。凭借所谓的"互联网思维"，许多企业似乎也可以得到快速增长，超越那些曾梦想超越，但一直无法企及的同行企业。但正如乐视网所面临的困境一样，"互联网思维"也无法拯救那些不能为客户创造真正价值的企业和企业家们。

许多企业家开始发现，没有真正的技术、不能创造价值的企业，是无法生存下去的。那种试图通过某种思维创造神话的营销方式，不仅不能帮助企业获得长久的成功，当"盛宴"散去，还会让企业的信誉损失殆尽。在过去几年里，也有在"互联网思维"中涅槃重生的企业，其中的翘楚当属小米科技。

小米科技创立于 2010 年，彼时运用了互联网的粉丝营销模式，依靠强大的 MIUI 社区，通过满足消费者个性化定制的需求，建立了强大的粉丝经济，曾一度被认为是"互联网思维"的代表企业。但随着手机行业利润的下滑，以及本身技术核心能力的不足，小米科技曾在 2015 年陷入低谷。

此后的小米科技痛定思痛，重新围绕如何构建高效的价值链布局发展，并以智能家居为核心的生态系统重塑了自己。同时，小米科技勇敢地进入海外市场，在热衷于中低端手机的消费市场站稳了脚跟。

今天的小米科技真正地践行了将价值带给消费者和客户的初衷，其提供的产品，无论是手机，还是智能家居产品，不只质量优良，更重要的是价格实惠。小米科技通过实践改变了消费者对科技产品质优价高的最初认知，从而在同行企业中脱颖而出，让消费者体验到物超所值的科技生活。

如果对比乐视和小米，这两个在同一时期发展起来的互联网企业，我们会清楚地看到，两家企业为市场和客户创造的价值截然不同：站在贡献社会、贡献他人的角度，乐视最多只贡献了一些概念，而小米贡献了物超所值的智能化生态系列产品，在中国市场站稳了脚跟，也在全球市场获得了高度认可。

所有这些经验教训已经让我们确信：每一家企业都应该立足于贡献人类、创造价值。

除了为市场和消费者创造价值、提供福祉、做出贡献，每一位企业家也应该思考能为利益相关者带来什么。所谓利益相关者，不仅包括消费者，还包括企业的合作伙伴、员工、投资者乃至负责管理的政府机构。一个能够将视野扩展到利益相关者群体，并且能够为他们带来价值和贡献的企业，将获得更加持久的生命力和发展潜力。

在中国人民大学商学院的课堂上，我见到一群来自信誉楼百货的高管们。这家百货企业很少为人所知，但它们立足于河北沧州，业务已经遍及河北和山东等地。在如今网络经济对传统零售业形成巨大冲击的背景下，信誉楼百货的规模不仅没有萎缩，还在稳健、高速地扩大，并且在当地三四级城市和农村市场获得了良好的声誉。

最让我感兴趣的是，在课堂上，信誉楼百货的高管与其他学员的表现非常不同，其眼神和表情中流露出一种愉悦和淡定，对所在业务的发展充满信心，对研究企业管理问题也充满渴望。交谈中，我才发现，这些表现源于这家企业独特的企业文化。

信誉楼百货的创始人张洪瑞在创建这家公司时，就立定了诚信经营的原则；更重要的是，他将公司的股权分散给几乎所有的管理层和员工，并且规定当管理层或员工离开公司后，其所持股份就应该还给公司，作为创始人的他也不例外。

于是，我好奇地问他们的高管，你们的创始人真的这样做了吗？他们说"是的，因为他不希望这家企业成为一个为个人谋利的机器，应该成为为大家共同造福的源泉"。正是基于这种信念，信誉楼百货吸引了众多对此有高度认同感的人才加入。通过提供便利的退换货服务，凭借为客户甄选价廉物美的好商品，以及由此而建立起的卓越口碑，信誉楼百货在当地市场站稳了脚跟，其经营规模在持续地扩大。

在企业的利益相关者谱系中，我们往往把客户、消费者、投资人或供应商作为最关键的群体。但我们经常忘记，企业的员工才是最关键的利益相关者，因为所有的产品和服务都出自他们之手，企业价值的创造也是通过他们完成的。

而在许多企业家的经营理念中，客户、员工、投资人或者供应商只是他们谋利的工具，或者只是企业完成阶段性业务目标的途径。如此，企业组织就成了没有灵魂的、可以拆卸的机器部件。对员工、对组织和利益相关者的漠视，会抹杀他们的创造力，更重要的是，会使得经营活动变得死气沉沉、毫无生机。

　　不能为组织内的成员做出贡献的企业和企业家，最终也不会获得员工的真心付出和回报，其生命力多会走向枯竭。

基于贡献的行动

　　我们已经知道，贡献是对我们与生俱来的欲求和私欲这种心智模式的矫正。

　　我们所面对的物质诱惑越来越多，本身的欲求变得强大，而要真正做出贡献他人的行动，就变得越发困难。但也正因如此，我们更应该将贡献落实在日常行为上、每日的经营活动中，而非在口头上，或者在理念中。

　　作为一名企业领导者，只有将贡献落实到行为和行动中，才会对周围的人起到最大的引领作用和示范作用。员工和跟随者们并不是看你怎么说、怎么想，而是看你的行动到底是什么。尤其是当企业面临重大的挑战和关键的抉择时，企业领导者基于贡献和付出的行动会更彰显其力量。

　　被誉为日本经营之圣的稻盛和夫，曾受日本政府的委托，以 78 岁的高龄加入他从未涉足的航空业。他挽狂澜于既倒，成功拯救日本航空公司（以下简称"日航"）的故事，就是对贡献的最好注脚。

　　日航成立于 1951 年，经过 20 世纪 80~90 年代日本经济高速发展的推动，迅速成为日本航空业的龙头和全球第三大航空公司，但其后由盛转衰，经营陷入困境，直到 2010 年申请破产。在破产之日的 2010 年 1 月 19 日，日航负债高达 165 亿美元。

　　临危受命的稻盛和夫，在那时可以说已经功成名就，因为他成功地创办了两家世界 500 强公司京瓷和 KDDI。但当日本政府认为只有他才能挽救日航时，他挺身而出，走上了这条可能"晚节不保"的高风险之路。

日航经营失败的原因有许多，除了日本的经济因素和竞争环境，更重要的是公司内部的人心涣散、经营不善以及体制僵化。随着公司破产后遣散员工的传闻甚嚣尘上，员工和管理层开始离心离德，稻盛和夫正是这时以一介"航空业素人"加入日航。他坚持以下几件事情，从根本上扭转了日航的人心和经营面貌，完全表现出贡献者和付出者的本色。

他以零薪资担任董事长，并且提出要付出不亚于任何人的努力。在许多员工的眼里，稻盛和夫是他们的爷爷辈，或至少是父亲一辈的人，一生与日航没有什么关系，但为了日航的重建，甘冒极大的个人名誉风险，还不愿领公司的一分钱，这对全体员工都是莫大的震撼和激励。

赴任后，稻盛和夫宣布并践行三条"大义"，这也是他临危受命的三大根本原因。第一，为了保住留任的 3.2 万名日航员工的饭碗；第二，为了给低速的日本经济重振助上一臂之力；第三，为了保持航空业的竞争态势，让日本国民有选择航空公司的权利。所有这些都不是源于他个人的私利，而是为了更多人和更大群体的利益，是完全奉献和甘心付出的写照。

同时，稻盛和夫反复强调日航的经营理念，或者也可以叫企业经营的目的，是"追求全体员工物质和精神两方面的幸福"。因为稻盛和夫始终认为：只要你爱员工，他们就会爱顾客。

稻盛和夫同样强调一线发动、率先垂范的精神。接手日航后，他已年近八旬，却每次都要搭乘日航航班出行，并且只坐经济舱，表明与员工同甘共苦的决心。机舱里的乘务员在经济舱里看到公司董事长，每每感动得热泪盈眶。

稻盛和夫用他身体力行的实践告诉每个人，为了公司的重建，为了挽救每个人的饭碗，也为了更大的社会福祉，他愿意付出不亚于任何人的努力。这一率先垂范的行动风范激励着日航的每个员工，这让濒临绝境的日航在两年以内重振了人心。日航配以其他相关的经营手段，神奇般地重新恢复了赢利。

我们经常挂在嘴边的利他、无私，其实在每个企业领导者和经营者的身上、在他们每一天的行动中都可以看得明明白白。

作为企业领导者，基于贡献和付出的行动不仅表现在每天的经营管理活动中，还体现在其经营管理过程和管理方法上。在企业的管理实践中，有两大重要的经营活动。这两种经营活动是：

✓ 确定企业的经营方向和目标。
✓ 对企业的经营方向和目标进行考核。

这两大经营活动都可以经由贡献和付出的新的心智模式加以检视和改造。

在企业经营的方向确立上，大多数企业家很容易确立基于市场的管理目标。如同上文提及的在研讨会上的那件事，当被问及我们要为世界贡献什么、创造什么时，许多企业家往往无法立刻回答。而恰恰是那些能够明确地回答"我们要为他人和世界贡献什么"的企业，才有可能真正做到与众不同，实现长久的发展。阿里巴巴从创立之初就旗帜鲜明地肩负起"让世界让没有难做的生意"的使命，在其后 20 年的路程中，也一直坚持这一基本的方向。这使阿里巴巴在这 20 年里获得了持续的发展。

这种服务世界、服务社会的、具有更高价值追求的目标，不但激励着企业在利他的轨道上前行，而且成为企业判断自身经营目标正确与否，以及能否凝聚相关人才的价值标准。即使是企业在经营活动中面临这样或那样的困难，或者存在基于目标的各种摇摆，如果能回到这一轨道上，依旧可以为自身找到一条主航线，而顺利前行。

在确立目标之后的业绩衡量和考核上，许多企业依旧奉行关键绩效指标或者平衡计分卡的管理原则。这种基于指标的管理方式本身没有什么问题，却被许多企业变成经营的目的，这就会使得企业变得僵化、没有活力，甚至沦为内部争斗和办公室政治的工具。

简单划一的考核标准，在某种程度上也是管理层无能的表现。如果管理者只能依据考核指标来下达指令，那么这种工作并不会产生任何附加价值。

由谷歌和英特尔公司提出的 OKR 管理方式在当今企业界相当风靡，这或许表明大家迫切希望这一现状能够得到有效改善。

从根本上，OKR 的管理方式与传统的目标管理方式并没有太大的不同，但它增加了两个与僵化的目标管理不同的环节。

一是在设定目标之初，让更多人员参与进来，让他们对目标的设定进行讨论和评估，并让他们基于雄心和更高的目标追求等原则来设定更有挑战性的目标。

二是这些具有挑战性的目标，只是衡量每个人自身的领导能力和领导潜力，并不作为最终的考核标准。最终的考核标准要以实际完成任务的质量，特别是横向比较市场上其他企业的成果为准进行制定。

所以，虽然最终许多员工无法完成最初的具有挑战性的目标，但企业领导者依旧可以就他们的经营绩效给出客观的评价。这种基于现实环境的评估方式，让每个员工可以付出最大的努力，目标即使未达成，也会获得公允的评价。这种方式无疑是合情合理的，并且是对传统绩效管理方式的一个大的革新。

通用电气前 CEO 杰克·韦尔奇曾经讽刺通用电气每年的预算制定会议是一场虚伪且无聊的游戏，因为管理者总是希望提出更高的目标，而被考核的一方总是希望找出各种数据和理由压低目标。这两者都无法真正为客户和市场创造价值，只是内部的数字博弈，这会助长虚假、不务实的企业风气。而 OKR 的管理方式提供给我们一个新的视角，特别是当企业领导者准备扭转原有的私欲，而重塑贡献的心智模式时，这种方式可以发挥更加积极的作用。

在年初目标设定时，企业领导者可以向每个部门乃至个体询问一些关键问题：

✓ 我们可以为世界贡献什么？
✓ 我们可以为客户创造什么？
✓ 我们可以为所在的企业贡献什么？

企业管理者可以用这些不同的维度，鼓励员工去设定更高的目标追求，并以此作为标准去检验和调整日常的管理活动和经营活动。最终在进行阶段性的绩效评估时，大家可以重新回到这一原始问题，看一看这一阶段到底做得如何。

在有一些情况下，由于市场的不可预测性，虽然年初设定了非常高的目标，但阶段性的经营成果并不理想。但如果横向比较，会发现相比同行，大家已经做得非常好。若是这样，企业领导者依旧可以给予这些虽然没有取得最佳成绩，但已经取得相对优秀成绩的员工更高的评价。

相反，有时我们在年初低估了市场的增长潜力，从而发现在阶段性评估时，虽然业绩高于最初的目标设定，但如果进行横向评估和客观评价，员工并没有达成最好的业务成就，这样，即使超出了年初的预估，企业领导者也不应该给予员工更高的业务评价。

更重要的是，在此基础上，我们应该跳离目标，重新看待那个最根源性的问题：我们到底为世界贡献了什么？为客户创造了什么？为团队带来了什么？

这种评价方式可以综合评定个人和团队的贡献值，从而让每个人的行为，开始从自我和团队的欲求及目标达成等价值追求发展到更广的创造客户价值等价值创造中去。这种新型方式的实践，会逐渐改变根深蒂固的以自我为中心、以自我的成就为目的的基于自身的经营，而让更多人逐渐能够去践行贡献和利他的行为。

在现实中，这种理念对那些满是理想和憧憬的初创企业是比较容易接受并加以践行的。因为许多人创业，就是为了开辟一个更加理想化的经营环境，甚至创造一个理想中的企业。那些已经有着长期经营惯性的成熟企业，要践行这样的理念往往相当困难。因为不论是公司所有者，还是管理层，都不会甘冒风险。这些企业在原有的基于财务目标导向和任务完成导向的老路上已经走得太久，此方面的改变对他们来说意味着巨大的风险和不适应。

其结果往往是，这些企业只有处于经营的困境，甚至类似于像之前的日航那样面临倒闭时，才愿意接受新的管理理念，而这些新的理念和方法经常又是由空降的外人带来的，在企业改革期间，新来者与旧有成员就会存在较长时间的磨合期。这给每个企业领导者抛出一个现实的问题：如果企业处于最佳状态，为了从长计议，企业家能否主动转变为基于贡献的经营视角，进行积极的改良和革新，而避免企业陷入困顿之后才采取那种赌博式的转型和变革呢？从根本上，这一答案取决于领导者的眼界和勇气。

根本性的赋能

如果一个企业长期处于只是为了自身目的而经营的状态，那么它的组织能量一定是很低的。按照大卫·霍金斯的意识能量图，我们通常所进行的管理方式，基本上都在"欲望"和"愤怒"这一层级，即便上升到为了荣誉而奋斗的层面，也多是因为"骄傲"，这依旧是负向的能量。

但企业领导者一旦开始推行基于贡献的新的心智模式，就会极大地拉升整个企业的心智能量。就企业的心智能量来说，如果对其不做任何干预，它就会长期停留在相对稳定的某个层面上。只有当领导者为其注入新的意义和价值时，它才会发生跃升。这正是企业领导者为企业赋能的真意。

在此，我提出三种为企业赋能的方式，分别是企业领导者赋能、凝聚高能量的员工和为组织祝福。

第一，企业领导者赋能

企业领导者赋能的关键在于领导者具有更高的意识能量层级，从而大大提升整个企业的能量水平。

特别是当企业中有一个高能领导者时，企业的状态会完全不同。所谓高能领导者，其体现的正是那种基于勇气的包容、基于接纳和信任的授权，以及乐观向上和充满希望的正向人生观。有一些杰出的企业家，其能量值甚至到达了"理性"以上。他们不只是卓越的经营管理者，同时也是谙于哲学思考的思想家，为经营和企业注入意义，帮助企业内的更多人提升到更高的意识能量层面，从而为企业赋能。

IBM 公司在 1993 年前后陷入了连续三年的亏损，面临即将破产的境地。开始四处寻找新 CEO 的 IBM 公司猎头委员会，最后通过一个简单的问题，打动了本来已经放弃升任 IBM 公司 CEO 的职位、希望保全自身职业成功声誉的企业家路易斯·郭士纳。这个问题就是：IBM 公司是美国科技的堡垒，IBM 公司的失败就是美国科技业的失败，你能对此视而不见吗？

可见，当时唤醒郭士纳挺身而出去拯救 IBM 公司的，不只是个人的成败和荣辱，还包括更大的社会意义。就这一点来说，他的动机已经超然于负向能量层级，而跃升到至少"乐意"这一更高层级。冷静的洞察力、开阔的视野、稳健的管理手法，以及对公司转型的天才改造和设计，都是他拥有高层级意识的体现。

郭士纳开创性地开启了 IBM 这家科技公司的服务业务，在当时这是几乎没有人理解的创举。另外，他力排众议，避免将 IBM 公司拆解成与其他小公司分别竞争的七八个经营实体，从而让 IBM 公司独特的整合型企业文化得以延续，并让公司多年积累的、卓越的整合能力得以保存，使 IBM 在提供全面解决方案的服务时代大放光彩。

很有意思的是，郭士纳的继任者彭明盛则是一个完全不同的人。他成长于郭士纳的手下，以卓越运营著称。虽然也帮助郭士纳开创了 IBM 全球服务业务，也凭此跃升高位，但他以销售见长的个性，在他担任公司董事长和 CEO 时表现得淋漓尽致。他对不好的业绩深恶痛绝，甚至对那些完不成业绩指标的高管不惜责骂和羞辱。IBM 公司在他手中虽然完成了继续向高价值业务转型，并且完成了连续五年的业绩增长计划，但整个公司的文化已经完全改变。

在我看来，这位企业领导者所奉行的管理方式恰恰落在"欲望"和"愤怒"这一层面上，这是那些追求卓越绩效的领导者经常拥有的心理状态。它会给企业带给长远的危害，有时甚至是毁灭性的。事实上，在彭明盛的管理下，IBM 公司的"智慧星球"新战略，虽有前瞻性，但大而无当，更倾向于是脱离实际的战略愿景。

"智慧星球"战略愿景虽然突显了 IBM 公司在业界的霸主地位和投资未来的豪气，但缺少支撑性的技术和能力基础，尤其没有稳扎稳打，从自身所擅长的云计算服务入手。在空耗了五年之后，IBM 公司不得不重回云计算的老路，而这时，各路竞争对手已经纷纷杀出，亚马逊公司以电子商务出身，都已成为云计算领域独树一帜的公司。IBM 公司错失天赐良机。

在企业的发展中，领导者给整个企业所赋予的能量和带来的影响竟有如此之大。所以，优秀的企业领导者对企业当然极为重要。

第二，凝聚高能量的员工

同时，选择和凝聚一个高能量的团队也同等重要。能否凝聚高能量的员工和团队成员，很大程度上取决于领导者自身的能量层级。如果企业领导者自身不能达到较高的能量等级，那么，他就不容易发现那些真正具有卓越潜力的人才，同时也很难接受那些拥有高能量层级的成员，而这些人才往往会在低能量层级管理者的压制和阻碍之下飘然离去。最终我们发现，企业领导者会成为企业成长的天花板，其能量层级决定了整个组织的能量层级。

而凝聚高质量的员工，我们只需要一个简单的准则，那就是该员工的能量层级至少要高于"勇气"层级。所谓勇气，就是对世界保持客观、正面的看法，对未来充满信心，对自身存在的问题持有不回避的态度，愿意改变自身的不足，以取得更高的成果。

勇气，不仅是个人是否处于正向能量的分界点，也是一个企业能否实现有效变革的分界点。经过多年观察和实践，我发现一个基本的规律：**真正可以实现变革的企业，其主要领导者和领导团队大多具有变革的勇气。而那些不敢承认自身所处的现状、回避面前的各种机会、对自身现存的问题进行各种修饰和找各种托词的团队和组织，他们的变革一般是无法成功的。**从这个意义上说，任何企业变革的成功，不光靠其所拥有的更佳方案、更优的咨询公司，还在于其成员能否直面现实，对现实困境进行积极和正面地应对。

华为公司经过 30 多年的奋斗，成功跻身为全球电信领域的领导者，尤其是在 5G 领域，更是引领全球。

华为公司诸多成功的背后，有一点被人津津乐道，不过没有被完全解释清楚，就是华为公司的批评与自我批评的精神。这种批评与自我批评，会被许多人认为给企业员工带来了负能量和压力，但事实上，这种方法却让大家能更为清楚地看到自身出现的问题。通过对自身经营的问题加以回顾，华为公司得到了更为长远的发展。

如果这一过程把握不好，员工可能就会停留在"愤怒"和"骄傲"层面，反思就变成了员工彼此攻击和防卫的舞台。但若是企业领导者自身具有更高的意识能量层级，这种反思的方式，则会很容易使员工达到"勇气"这一层。而如果华为公司可以在任正非这样的领导者的带领下，持续不断地以务实和开放的态度来看待自身和周遭世界，即使是今天面临着来自美国的全力打压和技术封锁，他们也应该能够找到一条生存之路。

第三，为企业祝福

除了以上两种方式，我们还有一种为企业赋能的方式，极少有人实践，那就是为企业祝福。

如果企业员工对企业心怀感念，并且不断地希望自己可以在其中做得更好，那么不论这些员工的能量层级的高低如何，他们这些不断闪现的正向的心念力量，都会赋予企业更多向上的能量。反之，如果企业员工离心离德，对企业充满抱怨、不满等各种负面的情绪，那么这个企业的未来就可想而知了。如此，再先进的管理工具和方法以及流程改造，一般也很难挽救该企业于所面临的危机。从一个更长的时间线来看这个问题，我们会发现这是企业兴衰的基本规律之一。

同样，每家企业都生活在一个更大的能量场域里，在这个由意识和物质交织的能量场里，如果一家企业为社会、为世界贡献了很多、创造了很多，那么这家企业将会获得更多人的正向认可和赞赏，而这些正向的能量，也会成为该企业重新发展和克服各种困难的能量源泉。

这些能量源泉，有时体现为企业内的每个员工经常可获得来自他人的精神鼓舞，有时还体现为他们自身可生发的各种积极意念，甚至体现为他们在解决问题时会迸发接连不断的灵感，虽然他们通常并不知道这些积极能量的真正来源。

这些现象一直存在于人类的组织中，只不过过去的人们用祝福或诅咒来形容这些语言和行为所带来的正向和负向的影响。

任何企业要想"青春常驻"，就需要企业全体成员从上层到基层，每个人的内心都对企业的存在充满感念，愿意为其祝福，那么这一正向能量将是企业持续生存和发展的巨大助力。

原谅和请求原谅

长期处于对立的心智模式，会容易产生诸如排斥、怨恨、恼怒、愤怒等次生的心智模式和情绪，解决的最好办法，也是根本有效的办法，就是原谅和请求原谅。

对立的心智模式以及由此产生的种种不良的情绪，会对我们产生伤害。但从根本上说，这些伤害又根植于我们深层的意识中无法解开，甚至不被我们察觉。当我们与他人交流时，这种因对立而产生的伤害、冒犯，乃至侵犯的情绪就会不断从内心中涌现出来，使我们的人际交往出现交流困难。

在工作交流时，这种彼此伤害、侵犯的情绪若没有及时消散，长此以往，会压抑成为企业内部各种争端、对立、冲突和矛盾的根源。因此，在这之前，我们要用请求原谅的方式，给这些被压抑的能量解锁，使其不再转而化为消极的能量。

能量的解锁

正如大卫·霍金斯的意识能量图所展示的，即使是负向能量，也具有巨大的力量。无论是"愤怒"，还是"欲望"，乃至于更低层级的"恐惧"，当其在个体和企业身上发作时，都可爆发出惊人的力量。这些能量本身并没有好坏，重点是它被怎样的意识和情绪引导，然后以积极的面貌展现出来。这些负向的能量会产生有害的力量和情绪，破坏性很大，并且让我们压抑、痛苦。我们的自我越强化，这些负向能量就会越发加强和凝聚，以至于最终使我们在交流中与他人产生争斗，一发不可收拾。

如果我们不能消除这些伤害，新的问题就会产生，并一直循环下去。在个体心理上，这些伤害会变成个体无法疗愈的创伤，在企业中，伤害也会形成深度的怨恨、仇恨关系，这种关系潜伏着等待"出击"，当时机成熟时，很容易酿成人与人之间的冲突。

给这些锁闭的负向能量解锁是非常必要的，最好的方式就是原谅和请求原谅。当我们能够对内心中浮现的每个对立的念头、排斥的心态，以及恼怒的怨结，说出请求原谅时，这种似乎难以解决的敌对状态就会比较容易"解开"，那个牢固的、锁闭的能量结就会逐渐释放。这样，我们和对立的对象之间的怨怼、不满、矛盾、冲突等种种不良的情绪就会逐渐烟消云散。这一切都源于我们愿意请求原谅，也愿意给予原谅。

在个人领导力提升乃至企业变革的过程里，"原谅"这种心智模式在实践中屡试不爽。不过它往往不为多数人所知。

因为孩子在国外读书，需要父亲的常年陪伴，一位事业有成的企业家就将公司业务交给一位副总裁打理。这位副总裁跟企业家创业多年，尽管以兄弟相称，但全面授权，企业家仍然有些放心不下。所以企业家又派了一个亲戚担任财务总监，在旁监督公司的运作和副总裁的行为。这样，企业家就可以通过遥控的方式在海外指手画脚。这使这位副总裁的工作常常受到影响。

考虑到受人之托，这位跟随企业家打拼多年的老搭档也是尽力维持企业的经营，并且在原材料价格快速波动和一些操作工人频繁流动的情况下，想尽各种办法让企业经营走在正轨上。但对这个艰难的过程，这位企业家并不完全了解，只是关注各种财务数据和报表，并且听信财务总监的一面之词，而质疑副总裁。企业家和副总裁的关系弄得非常紧张，甚至到了矛盾一触即发的地步。

后来二人才知道彼此内在的不信任正是来自沟通不足。在一次小范围的内部会上，我请这位企业家向他们公司的副总裁发出道歉。企业家此时也知道自己误解了这位老同事，但两个大男人面对面说道歉的话实在难以启齿，于是我们就安静地坐在那里，等待那一刻的发生。

慢慢地，这位企业家朋友先开了口，向副总裁道歉了，请求他的原谅，他的多疑、不信任造成了这么多彼此间的冲突和矛盾，责任在他自己。随着话语展开，一来一往，两位老男人竟然潸然泪下，在会议室里痛哭起来。可以看得出，彼此的不信任，给他们造成了多大的紧张和压力，让内心承担了太多的负担，而这时的哭泣，正是一种压力的释放。

从这以后，他们的关系改善了许多，企业管理层中的那些不信任，原来如紧绷的弦一般的氛围，现在也逐渐开始化解。

在许多情况下，当我们知道这些内在的压抑和问题根源时，就可以使用这种直截了当的原谅和请求原谅原谅的方式加以解决。

这种原谅的方式在意识能量层级中处在"接纳"这一高层级，它可以瞬间超越原有的低等级的能量场的束缚，重新形成一个新的意识空间和能量场，从而让企业中的许多问题都得以化解。那种彷徨于内心许久的不舒适和压抑，在得到原谅的"照耀"之后，会尽扫阴霾，企业面临的困境也常能有所转机。

"意识归零"的清洗

使用一种更高能量的被称为"意识归零"的心智模式作为高等级的能量吸引子，是去除甚至是转换过去低能量情绪的有效方式。

这种方式，正是我们前文说到的中国传统文化中老子的"无"的概念。那个"无"不是什么也没有，而是不是一切，但是包容一切，他那个清空的"零"也不是空无死寂，而是事物的最初状态，那里含藏一切、包容一切可能性，因此也具有巨大的能量。我们姑且将这个方法称为"意识归零"。

离开企业高管岗位后的这些年，我经常以一名专业人士的角色帮助企业实现战略转型。我们使用"轻战略工作坊"的方式，采取与客户共创的方法，帮助客户生成各种战略方案，甚至产生新的战略创意。

但大家不知道的是，每一次战略工作坊结束之后，我都感觉极其疲惫，甚至常有患病的感觉，需要休息好几天才能逐渐恢复。我当时不知道这是什么原因导致的，以为可能是到各地旅行太过疲惫或是所住的酒店不够清洁，但后来才发现，这些都不是关键。

真正的原因在于，每一家企业都有非常复杂的过往，若从组织能量的角度来看，许多负向能量纠缠于这些企业。尤其是参与研讨会的各位高管，更是背负了许多负向的情绪。而每个新的战略方向的提出，都需要对这些负向的情绪加以清理和纠正。

在某种意义上，我作为战略讨论的引导者，需要把他们从某种意识状态和情绪里拉出来，将他们带到新的高度上，并帮助其产生新的成果。这一过程中，我过去更多的是使用自身的蛮力，是用自己的能量驾驭整个研讨现场，或是项目的全过程，那些疲惫甚至是病痛恰恰是全身心投入之后，自身也受负向情绪的感染，需要调整和恢复的标志。

逐渐地，当我开始掌握用请求原谅以及"意识归零"的方式清理负向情绪，我的工作方法和模式也开始改变，并取得了意想不到的成效。

其中，最典型的一个项目是我们只有一天时间，却需要产出客户的使命、愿景、价值观和行为标准。

这是一家全国知名的大型地产开发集团，它的老板希望在产业急剧变革的过程中，让高管团队重新确立新的使命、愿景、价值观，便于自己带领员工们再出发。

他们面临的挑战非常巨大。因为房地产行业中的利益诱惑太多，基层人员经常跳槽，高管团队来自不同的开发商，风格各异，发展理念也不一样。统一员工对企业发展的认识，成为这家企业当前的紧迫任务。

但负责这个项目的执行总裁有一个深深的忧虑：他们这十几位高管在一起内部开会时，基本上很难达成一致的意见，往往最终都是强压下一个决定，使其执行。开业务会议尚且如此，面对这样"软性"的企业使命、愿景、价值观的话题，能否在一天时间内达成一致的意见呢？他对此非常担心，就将这个忧虑坦率地告诉我了。

面对这种的焦虑和忧虑，我们开始采用一种完全不同的工作方式。

在研讨会开始前，我们对每位高管进行了一次访谈。访谈期间，我们一方面询问他们对项目的期望、安排、产出等这些常规的问题的看法，更重要的是，另一方面，我们不断地给这些高管做负向情绪的清理，帮助他们请求并获得企业内其他同事的原谅。当然，这些高管在访谈时并不知道我们在给他们做负向情绪的清理，他们以为自己所面对的只是一个常规的项目访谈而已。

当这一切都做好之后，在研讨会的当天，奇迹就发生了。

一天内产生四个关键议题的成果，并且达成一致，企业的这些高管原来根本不抱希望，他们的执行总裁甚至要求我自己杜撰一个备用方案，在万一不能交付成果时，至少有一个备用方案可供大家讨论。但事实上，那天的研讨会极其顺畅，每个人都在恰当的时间和议题上发表了自己的意见，大家非常顺畅地在一个极短的时间内达成了一致，产出了他们之前根本没有预料到的成果。

在会议结束时，那位曾经极度担忧的执行总裁非常感慨。他不知道发生了什么，为什么团队变得如此与众不同，他对我们的专业能力给予了高度的评价。

在后来的内部继续深化实施的过程中，他们沿用了这一方案，让一天的成果成为普及全公司的行动方案。

在这个项目中，我们所运用的清理负向情绪的方式，就是"意识归零"的方式。只是我们没有让他们做任何特别的事情，而是用意识输出的方式给予那些高管。

在这个意义上，作为乙方顾问的我，就代表了这家企业的整体，而对他们的清理，在无形中化解了他们内在的各种纷争和矛盾。这种看似神奇的方式，我们用基于传统物理学的组织视角是根本无法理解的，但如果我们了解了前沿科学，尤其是量子力学和基于能量的心理学，就对此不会有太大的诧异。

接纳、原谅和宽恕

为了让企业拥有更好的战略变革的基础，研究者们在过去 20 多年间开发了各种技术。其中，对话技术在企业发展领域获得了广泛认可。

对话技术的基本原理是让人的感性和感知发挥作用。在团队对话的过程里，虽然有固定的议题，但参与者需要更多用心体察，而不去施加任何欲想于某种目的，从而让情感自由流动，让意念自由流动，让那些逐渐显化和生发的观点产生自然的碰撞和交流。

这种模式还提供了一个基本的讨论框架：开场时每人讲几分钟，中间有彼此的问答和澄清，但可以让每个人的对话和问答变得自由自在，而跟从内心去给出自己的看法和提问。更重要的是在这一过程里面，讲究提问的力量，而不是一味地表达出自己的观点，从而能够深挖每个人观点背后的深层假设，使得对话的质量得以提高，并且可以深入意识的更深层。

企业能够做到这一点，应该说是，就已经建立了基本的对话技巧。在企业的变革过程中，我们也经常嵌入这样的方式和方法，让企业员工，特别是那些不善于对话交流的成员打开内心，让各种深层的观点浮现出来。

但这些方法的效果依旧是有限的。如果我们了解了组织能量的原理，就会知道这一层效果依旧是在表层的意识层面。如果参与对话的人员的内在对立不能打破，他们的各种欲求不能减轻，这种对话的效果又如何能够深入呢？这是一个很简单的事实，而在过去的几十年，人们常常忽略。

事实上，这种对话的模式在一个封闭的研讨会中行之有效，在一些被指定的公司内部会议中也可发挥作用，但深层的问题并没有彰显出来，所可发挥的作用也十分有限。对此，我们需要有一个清醒的认知。

与对话相关的另外一种对话技巧是聆听。聆听帮助人们把内心打开多个层次。除了听到谈话的表层意思，人们还需要听到谈话背后的声音，甚至用同理心加以聆听，理解说话者的内在状态。但是要注意，所有谈话的背后都存在一堆未被触及的情绪、看法，甚至是欲求和对立。所以，作为对话的基本技巧，聆听所起到的作用也是有限的，可能在那个对话的当下能起到一定的触动人心的作用，但当对话结束，旋即每个人又回到了原来的状态里，没有被触及的问题还在那里。

究其根源，就在于我们不能对那些根深蒂固的情绪、内在的对立、彼此的排斥，甚至产生的各种不和谐用请求原谅的方式加以清洗和清理。因此，在对话的基础上，如果我们能够用更进一步的原谅和请求原谅的方式进行清洗和清理，其根本的问题就会得以极大化解。而那种依旧用意识表层进行对话的方式，也会达到一个深化的境界。

荣格曾提出，我们平时所显化的意识，深层还有个体无意识、集体无意识。原谅和请求原谅的方式，正是去触动那些个体无意识和集体无意识深层的能量源泉，让锁闭着的彼此关联的心结可以打开。这一简单的方法，可以化解许多组织内部的深层矛盾，而让那个浅层对话的效用显得微不足道。

我们上面提到的那位企业家和他的副总裁之间发自内心的原谅和请求原谅，就起到了普通对话根本无法达到的效果，这也是我们经常看到的，那种刻意安排的对话无法触及心灵的内在原因。

更进一步，如果我们让这种原谅和请求原谅更加深入，那就是"意识归零"的方式，我们将它称为彻底的宽恕。所谓彻底的宽恕，就是参与者需要对自己所面临的情境、外部世界负起完全的责任，认为自己所认知的所有显化的一切都与自己相关，他要用清零的方式对此进行请求原谅，加以清理。那是完全的包容、完全的接纳，也是完全的清洗。如果能够做到这一点，我们就把请求原谅做到了极致。

综上所述，团队之间彼此打开心结，清理彼此内在的深层障碍，我们已经找到了三种由浅入深的方法。

✓ 第一种，无论是对话还是聆听，我们只能称为接纳，也就是愿意聆听对方，愿意接受对方的观点，但这离打开内在的能量结并且加以解决还差得很远。

✓ 进一步，我们用原谅和请求原谅的方式，从能量层面上解开那个结，让彼此间可以变得轻松，跨越原有的障碍，达到普通对话和聆听无法企及的深层效果。如果在现场有更高能量层级的人进行引导和赋能，会让他们的认知水准瞬间有很大的飞跃，并且在后续的持续原谅和请求原谅的基础上，产生意识的跃升。

✓ 最终，我们化解团队深层矛盾的方法就是彻底的宽恕，也就是"意识归零"的方式。这个已经被实践证明有效的方式告诉我们，人和人之间、组织和组织之间，乃至于族群和族群之间没有无法化解的矛盾，它依靠的不再是简单的表象上的接纳或者彼此间言语上的原谅，而是彻底的负责任和全然的清洗。这与清洗者所处的状态有极大的关系，要处于所谓的"意识清零"的状态，也就是真正空无的状态，才可能完成这样彻底的清洗。

记住这些方式，并通过不断的联系加以掌握可以帮助个人，也帮助组织彻底地化解我们根深蒂固的对立，让我们从那种对立的思维、意识和情绪中脱离出来。因由对立而产生的彼此排斥、怨恨、争斗、报复、加害，也能够从此逐步消解，它是一个让自我解锁的过程，也是一个让自我消融的过程。

我们通过消除对立、消除彼此的怨恨，让每个人从那个锁闭的自我中逐渐走出来。对于领导者的领导力进化，这一步骤有着至关重要的作用。

愿意放开

对于心智之轮中非常顽固的"执迷"这种心智模式，我们采用的解锁之法，就是放下，或者叫放手。

每个人与生俱来都会对自己所熟悉的那个自我，以及自我所产生的各种附属品，无论是观念、思想、成就，还是外在的各种物质，产生深深的依恋，并热衷于获取它们。有些人可以在物质层面上逐渐放弃这些，但在精神层面上却很难放下，甚至过于重视精神层面的获取而忽视物质层面。现在许多人有了物质成就之后就转向精神探索，追求冥想、静心等方式带来的精神体验，但那又何尝不是热衷于获取的另一种执取呢？有人看似放下了对自我的执着，其实只是执着于更深层的自我而已。

清代的诙谐笑话集《笑林广记》里有一则故事。

一个学生中举之后去看他的老师，老师问："你现在要进京上任了，都做了什么准备呢？"这个学生说："我带了一百顶高帽子，准备逢人便送。"

老师说："你怎么变得这么庸俗！"学生答道："现在像老师这样高风亮节的人，真是少了啊！"

学生出门以后，对旁边的人说："现在我剩九十九顶帽子了，刚才那一顶已经送给老师了。"

我们在不自觉间会维护那个顽固的自我，以及自我的各种附属品，而这些往往以不自觉的形式发生。具有慧眼、能从自我的迷恋中走出来，是相当困难的事情。

逝者如斯

要真正地从对自我的执着和迷恋中走出，在观念上，我们需要知道世界上的一切都在消失。从量子力学的视角看，世界的本质只是一种叠加的波动而已。

无论是物质世界，还是精神世界，在成形时就注定都有消亡的一天，因此，从根本上没有什么是不可改变的，也没有什么是根本可靠的。我们相当看重的精神世界和知识传承来讲，也是如此。这一观点对爱好知识的人来说，可能难以接受。但在历史上，许多文化大家却都持有这一观点。

司马迁在《史记》中就记载了一个故事，讲的是孔子和老子的对话。

孔子适周，将问礼于老子。老子曰："子所言者，其人与骨皆已朽矣。独其言在耳。且君子得其时则驾，不得其时则蓬累而行。吾闻之：良贾深藏若虚，君子盛德容貌若愚。去子之骄气与多欲、态色与淫志，是皆无益于子之身！吾所以告子若是而已。"

在这次见面中，应该说老子是很不客气地教训了孔子。我们把老子的教诲分为两段。一段是针对孔子所推崇的那些秉承于周朝的礼乐。老子告诉孔子："你说的这些事，这些人和骨头都已经在几百年前腐朽掉了，只是他们的言论还存在而已。并且作为君子，你能与时代合拍，就快马加鞭实现抱负，若是不得其时，就如蓬草一般随风飘浮、与世无关吧，又何必强求呢？"

孔子生于春秋末年，正处于礼崩乐坏时期。而孔子力图恢复周朝的体制，"吾从周"就是孔子价值追求的表现。但他所推崇的周朝的伦理秩序，"君君臣臣父父子子"那一套，以及相关的礼教观念，老子颇不以为然，甚至认为这些都是没有必要的事。在《道德经》中，他曾抨击"礼"，认为"礼"本身就是对自然道德的违反，是人刻意为之的虚伪的东西。

老子的第二段教诲，是对孔子的忠告，认为他这种志得意满、高谈阔论的姿态与君子之道不符，建议他把这些骄傲、多欲的习气和没有必要的态"色"加以革除，因为这些东西对身心都没有什么益处。

后人认为这段记载是道家故意贬损孔子的。但孔子提出的这些礼教秩序的确与老子的观念不相符，至少我们从《道德经》中可以了解到老子的相关观点。

老子的这种看法和建议，对我们是非常有益的。我们只有去除这些固有观念的执着，才有可能真正地释放内在的能量，使那些本有的积极力量自然生成。

正如孔子在晚年所感慨的"逝者如斯夫，不舍昼夜"，滔滔大河奔流而去，没有一刻曾停止过。我们想让河流停下来吗？我们踏进的还是同一条河流吗？这些基于哲学的冥思都让我们发出同样的感慨：没有什么是长久不变的，也没有什么是可以坚固执守的。

如果回到意识能量图的视角，我们会看到只有放下，放下这些意念、愿望、苛求和满足的情绪，人类的意识才可能进化到更高的层面。那个更广阔的心胸、更开阔的视野，会让我们更愿意面向现实，也面向开放的未来世界。

放开、前行

对于许多企业领导者，让他们放弃过去的成功、过去的习惯，带领团队去探索未知，是一件极具挑战性的事情。这需要他们拥有更加开阔的胸襟、更能承担风险的意愿和不断放下自我的勇气。过往证明，那些持久屹立在市场上的企业领导者，大都具有这样的特质。在今天变化如此快速的时代，企业领导者更需要这样的特质。

　　亚马逊公司的创始人贝索斯将公司的办公大楼命名为 Day 1（直译为"第一天"）。他认为初创公司就是 Day 1 的心态，一切都是新的，应该从零开始。而失败的公司是 Day 2 的心态，就是一切已是成型稳定的状态。

　　贝索斯的用意就是让已经获得成功的亚马逊公司重新回到创业的清空状态，从最开始思考自己，而放下过往那些头衔，以及那些曾经让他们成功但有可能成为未来羁绊的东西。

　　通用电气公司的 CEO 杰克·韦尔奇，曾在通用电气公司推行"如果我们重新来过，会怎么做"的反思文化。每个业务单元通常在年初时都从这些具有挑战性的问题开始：如果我们从头来过，会怎么做？如果从来没有做过这个业务，我们还会做吗？这样，企业的员工就会处于清零的状态，放弃过去的成功和失败，没有包袱，重新思考和面对未来。

　　对于那些已经成功的大型企业，说一说、想一想固然容易，真正能做到彻底的变革、放下过去的束缚，往往是极其困难的。而这些在一位企业家身上完全做到了，他就是微软公司的第三代掌门人萨提亚·纳德拉。

　　在纳德拉接手微软公司的 2014 年，他的前任鲍尔默已经领导微软公司长达 15 年之久。那时的微软公司没有重演比尔·盖茨执任下的 PC 机时代的辉煌，并且错过了移动互联网时代。微软公司陷入了增长乏力的境地，其市值一度从巅峰时期的 6 000 亿美元一路下滑到不到 3 000 亿美元的水平，而苹果公司和谷歌公司的股价正连创纪录。更糟糕的是，他们曾抱以极大希望的 Windows 8 系统也遭受冷遇。此时的微软看起来已经病了，员工也倦怠了。他们深感挫折，没有人知道这个公司该如何回到正轨。

　　临危受命的纳德拉，虽然是一名在公司里有着 23 年工程师背景的老员工，但他并没有走所有人所熟悉的技术路线。他知道微软公司在过去十多年中的止步和衰落，正是固守过去传统技术的结果——他们不敢迈出依靠Windows 在 PC 时代所取得的成功所划下的疆界。纳德拉首先突破的就是"这不能做"的观念上的禁区。纳德拉说："我说服团队采取一种有违直觉的战略，将重点从规模庞大的、收入可支付所有人薪水的服务器和工具业务，转向微不足道的、几乎没有任何收入的云业务。"因为在他看来，未来属于云，而不是 PC 和服务器。

2011 年，在还没有成为 CEO 时，纳德拉就已经开始这样勇敢的尝试。当他成为 CEO 后，更是不断地强化"云为先"的战略，并且果断地聚焦正确的业务方向，大刀阔斧地砍掉不必要的业务：

- ✓ 果断砍掉没有优势，甚至已成负累的业务板块。
- ✓ 出售诺基亚业务，将资金、人力全部集中到云业务上。
- ✓ 铺设云场景，用 262 亿美元收购 LinkedIn，将海量商业用户引向云。
- ✓ 在组织架构上理顺关系，将 Windows 的优先级下降，将云升至最高级。

在他接手微软的第二年，即 2015 年财年，微软云收入不足 80 亿美元，到了 2017 财年，就飙升至 189 亿美元。至此，微软成为在规模上与亚马逊不相上下的云服务提供商。

同时，纳德拉将微软从封闭导向开放，从与谷歌、苹果等公司为敌的状态变为走出去与所有人合作。纳德拉在他的自传《刷新》中说道："微软的技术创新其实一直很强，公司落后的根本原因在于颠覆自己极其成功的商业模式时畏首畏尾。"因此，他开始重塑与生产力和业务流程相关的各种工具，并将其导入云上，开始构建智能云平台，创造个性化的 Windows 服务。而这些服务将通过云服务的方式提供。

这一切都彻底颠覆了微软过去赖以生存和熟悉的商业模式。

同时，纳德拉也认识到"所有大公司的崩塌都是文化的崩塌，真正的变革依赖于文化的变革"。这是他在 2014 年 2 月接任公司 CEO 时写给董事会的备忘录中所说的。他认为过去微软的文化是固化死板的，每一位员工都需要向他人证明自己无所不知，证明自己是屋子里最聪明的人。团队之间充满了争斗和对立，而员工的价值和责任担当也只是按时交付和完成上面下达的数字目标。尤其死板的是公司的会议方式，开会之前必须要安排得井井有条，不能出任何差错，跨级别的会议基本上是不可能的，因此，高级主管也很难听到来自下面的声音。

纳德拉的儿女都是残障人士，因此他拥有一种他人少有的洞察力和同情心。他认为他不能只做一个技术专家和管理专家，而应该是一个人本主义者，因此他用一种谦卑和开放的文化重新改造了僵化的微软文化，让观念的自由流动、开放式的聆听和彼此间的相互理解这种同理心重新回到微软。纳德拉说："创造力和同理心，这两种能力结合起来会产生巨大的影响力。"

仅仅五年时间，纳德拉就重塑了整个微软，并且将它重新带回了顶峰。2019 年，微软率先在市值上突破了 1 万亿美元，最终达到 1.2 万亿美元，在短时间内重新回到全球市值最大公司的位置上。

这一切都源于纳德拉敢于放弃过去，敢于放弃前人不敢舍弃的商业模式，也敢于改造已经僵化的公司文化，为公司重塑新的愿景和发展方向。

这种放下和放手的做派，使得一度僵化的微软重新获得了生机。

从观念中放开

人是一种能够运用概念思考的动物。我们思考、推理、构建各种故事、传播信念，这些需要我们创造的一个个概念以及由此形成的观念的帮助。这些概念和观念本身并无真正的内涵，只是我们创造的一堆信息符号表达的含义而已。

但时间久了，我们会将这些人为创造的东西认为是真实的，是牢固的、不可改变的，甚至会将推理的过程转化成无可争辩的信念加以坚守，以至于变成了我们的束缚。这些束缚让我们执迷，甚至让我们产生自我压抑。

这时，我们就需要将这些虚构的概念放下，将自己从各种自我的迷执和压抑中释放出来。

在意识能量层级中，放下意味着处于"中性"以上的意识状态，它是对那种基于"恐惧"和"欲望"，乃至"愤怒"情绪的释放。过分执着和沉迷，会让我们陷在这些情绪中不能自拔，即使是一些看起来高尚的追求。

当下国学盛行，许多人喜欢传统的禅修方式或者从国外传回来的冥想等方法，如果你问他们为什么学这些，有人会告诉你是为了获得某种心灵的宁静，也有人是为了获得身体的安适和健康，当然也有少数人是为了获得他们意念中那种所谓的解脱。

真正的健康是否能够通过冥想获得，这些姑且不论、如果有人声称是为了追求更高的觉悟和真理而去冥想打坐，我们不妨看一看《景德传灯录》中的一个著名的禅宗公案。

马祖道一禅师到南岳怀让禅师门下学习。他每天在寺庙的殿堂里打坐。

怀让禅师问他："你坐在这里干什么？"

马祖回答："为成佛。"

于是怀让禅师在院子里捡起一块砖，从早到晚磨这块砖。

马祖忍不住问："师傅，你磨砖干什么？"

怀让说："磨砖做镜子呀！"

马祖问："磨砖岂能成镜呢？"

怀让禅师笑答："磨砖不能成镜，打坐又岂能成佛呢？"

这则公案明确地告诉我们，即使在佛教系统里，"成佛"与打坐也无必然关系。事实上，所有的禅修都依旧是一种欲求，它是一种执着，而不是放手，它是一种身心的汇聚，而不是放下这些束缚。在这种自我设置的沉浸和沉迷的状态里，我们怎能获得解脱呢？

世界的本质运动不拘，也正如佛教经典《金刚经》里所说的"应无所住，而生其心"，不偏执于一切境界，就是最好的解脱，无须参禅打坐。而事实上，许多人依旧偏执而不能放下。

在佛教修持上如此，在企业经营中也是如此。尤其是当今的企业，习惯于概念化的思维，经常运用概念和推理去重新塑造我们的管理哲学。

热力学第二定律[①]揭示了"熵增理论"：一个热力学系统会自然地进入熵增状态，即进入能量均匀分布的状态，也就是最终的热寂状态。所以为

---

① 热力学第二定律，是热力学的基本定律之一，是指热量在从低温之物向高温之物传递时，不可能由其自身单独完成，必须有他物参与完成，而消耗他物之功。此定律否定了永动机出现的可能性，因为热量不可能在二物之间自由循环传递，而不需他物之功参与。——编者注

了使系统避免死亡，需要不断地为系统做功，增加负熵。物理学家格里高津认为，只有开放系统才能通过和外部交换能量，从而引入负熵，使系统避免死亡。

据说这一理论也深得华为公司创始人任正非先生的认可，因为其很好地解释了华为公司开放进取、持续奋斗的经营常态。正是对公司这个系统持续输入负熵，公司才得以避免僵化死亡。

事实上，所有这些观念都是基于机械动力学上的概念性假设而已，在社会领域或者自然界，是否真的有一个如格里高津所说的封闭式系统和开放式系统呢？

从能量的视角看，组织是人类及其交互作用的能量构成的复合系统。人的边界尚且不知，组织的边界又在哪里呢？但华为的管理实践需要理论的支撑，而熵增理论正好符合他们的机械动力学的认知模式，而且可以很好地解释他们奉行的管理实践。

但在我看来，华为的活力来源有其他的解释，一方面有正向的因素，另外一方面也有负向的因素。其正向的因素就如任正非先生所说的，让企业产生的利润不断回馈到研发活动和经营活动中去，就像每个人要把食物产生的热量消耗掉，身体才会健康一样。华为所做的，正是将企业的经营所得贡献于世界，所有研发活动最终都是为了产生市场价值，便于人类生活。这是一种以贡献为导向的经营方式。

一家贡献导向型或者一家以服务客户为宗旨的企业，自然会形成一种能量的正向循环。而那些只图利润，不愿分享，不愿为未来投入的企业，大都会进入一种负向，甚至是死寂的循环状态。事物发展本来就会如此，也不需要用热力学的观点来解释，这是一种自然法则。可能基于机械动力学的概念，更加容易获得工程背景人士的理解和认可，也便于形成一种公司级的管理概念吧。

同时，华为是一家具有开放式学习能力的企业。企业内部的批评与自我批评精神，以及不断向他人学习的精神，甚至那种通过请他人喝咖啡获取信息、激发自身灵感的学习精神，就是一种不断敢于否定自己的过去、放开过去的成就、挑战自我的认知边界、向最先进企业靠拢的开放精神。

以上所讲，也就是贡献和开放的精神，正是华为成功的正向能量所在。

但华为所特别强调的严格的绩效导向，以及曾经提倡的狼性文化，在某种程度上是基于"恐惧"和"欲望"层面上的企业管理方法。这在一定程度上和一定时间段内是有效的。但当它成为企业的文化基因时，也有可能会成为未来发展的绊脚石。

而所有已经走出这一困境的企业，他们无疑都开始迈向更高层面，也就是那个愿意面对现实，愿意不断改善自我的新的方向。从各种媒体对任正非先生的采访中也可以看到，他也为公司提出了新的发展愿景，那就是用技术贡献给全人类，这一更高的愿景足以召唤更多的新的华为人和未来的精英不断加入这个群体中。

希望美国的严酷制裁没有打乱他们这一崇高的理想，在未来有机会可以改掉过去那种紧张压抑的管理基因，而能走向一个更加光明开放的管理形态中去。

放下和放手，根本上基于企业领导者的意愿，而这一意愿来自于一种经营理念和哲学，那就是万事万物都在变动，我们不可能，也不需要执守于某种固定不变的观念。正如《周易》中所说的，"不可为典要，唯变所适"。

重新审视企业领导力模式

当我们开始解锁心智之轮，用新的心智模式重塑企业领导力方式时，会发现过去我们所熟知的、习以为常的、认为是常理的那些领导方式，其背后驱动的心理因素竟然是欲求、对立和执迷。而当我们解锁了这一切，愿意反向地对其调整、为其改变时，会发现我们所熟知的那些领导力模式，其背后的驱动因素竟然发生了如此深刻的变化，以至于我们需要站在一个全新的视角来看待这些领导方式背后的心智驱动力（见图 4-2）。

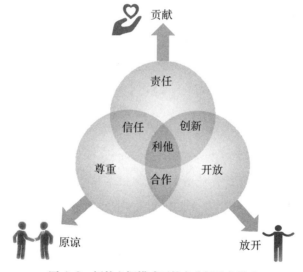

图 4-2　新的心智模式下的企业领导力模式

责任

首先我们讨论一下责任。这是企业领导者最为关键的领导力素质之一，真正的责任来自何处？来自贡献、全然的付出，而在过去以欲求为目的的心智模式里，责任来自工作范围的界定，来自获得怎样的收益和回报，来自自己和他人工作范围的划分。

而所有担任过企业领导职务或选拔过企业领导人才的人都知道，真正的责任体现在付出和贡献。那些真正愿意为了事业、为了企业付出自己的智慧和能力的人，才可以真正地担负起企业领导者的责任。正因为他们对所从事的事业全然付出、全然努力、积极贡献，他们才会与企业产生深刻的关联，愿意承担与之相关的各种后果和风险。这才是责任的真正内涵。

以此标准，我们可以区分经理人和创业者。我们经常说，创业者没有退路，他必须全力以赴。也正因为他必须全力以赴，所以他才会对所做的事情承担全部的责任。而有一些经理人，只是为了拿薪水和佣金，在这种心态下，他只会对划定的工作范围和责任感兴趣，对于承担后果以及更大范畴上的风险，则尽力避之。

而一旦我们让做事的人无论是经理人，还是创业者，都能够以贡献和付出的心态投入，真正的责任感才会升起。这种付出和贡献不是来自诱骗，也不是来自说教，而是一个人心智模式的彻底转换和打开。

我们要尽力让贡献和付出成为社会中的基本心智模式，但要构建这样的氛围和模式是相当困难的。不过，也有许多人在积极地践行这些事。我的职业生涯中有在国有企业担任高管的时光，也有在跨国企业工作的经历。我曾经对比在不同环境下人们的领导行为的差异。

在我曾工作过的一家大型企业里，许多员工及管理者都是奉献者和贡献者，他们有着更加积极的付出心态和贡献意识，这可能和这家企业早年处于三线企业的建设过程，激发了他们更强的主人翁责任感和克服困难的心理习惯有关。

更重要的是，这家企业的最高管理者自身也是一名贡献者和付出者。为了企业的发展、为了更多员工的福祉，同时也生发更多的成就感，他的工作作风以付出和努力为根本。

而在一些其他企业中，负责管理和执行公司权力的经理人走马灯式地进进出出，企业发展目标一直处于波动之中。这些经理人不能与其企业文化相融合的一个重要的原因在于他们过多地在乎自身的利益，以及相关的责任和薪酬的匹配，而忘记了企业中的许多事务并不能得到完全清晰的界定，所以需要企业员工一起紧密团结、共同努力、共同奉献和付出，以创造一个更好的未来。

另外的一个原因，在于领导者的垂范，以及彼此间的信任。如果企业领导者不是真正的贡献者，期望"自己吃肉，别人喝汤"，其下辖的员工也绝不可能成他期望的那种贡献者，甚至企业内部会形成更加自私和虚伪的文化氛围。

在今天，越来越多的人意识到，那些愿意贡献、愿意付出的企业领导者才能为企业分担更大的责任。在某种意义上，责任的大小与企业领导者愿意贡献和付出的多寡是成正比的。中国古代的一本经典著作《尚书》，其部分内容讲述了领导者的管理之道。书中多次提到，最高的领导者应该是一个全然的贡献者和付出者。"舍己从人"就是对过去君王的最高要求。《尚书》中所记载的尧、舜、禹之间的禅让，特别是大禹为了治水三过家门而不入，这些都表明了领导者应该具有的心怀天下、无私奉献的至高情怀。一名企业领导者也当担有这样的责任。

尊重

尊重，也是每位企业领导者都特别看中的领导力特质。没有人愿意和不尊重他人的人共事，也没有人认为不尊重他人的人可以成为长期可信赖的企业领导者。但什么是尊重？真正的尊重源于何处？

我们的心智之轮模型已经告诉我们，真正的尊重来自原谅。有人可能对此持有疑问：尊重就是礼貌，就是公平地对待他人，就是不侵犯别人的利益，为什么和原谅有关呢？

其实，许多人所谓的尊重只是表面性的，是基于社会风俗，乃至于法律规范所表现出来的一种必要的行为举止，而其内心可能依旧对他人抱有很深的界限感，甚至对立感和排斥感。

一些人津津乐道的"鄙视链"，就说明了这一问题。一些一流学府的毕业生鄙视那些二流学府的毕业生，一些一线城市出生的人从骨子里瞧不起其他城市的或者农村来的人。这些心理观念源自一些人与生俱来的对立感，这也是自我执念的一种外化形式。

而对于这些心智模式，我们只有通过原谅和请求原谅加以解决：当我们的内心升起这些负面情绪时，不论它是因何产生，我们需要请求对立之人的原谅，从而将内在的心结打开。

即便是我们不能很快地打开和化解心结，至少从内心也开始体谅对立之人的处境。每个人的出身不同、背景不同，经历也不一样，对这一切的体谅，恰恰让我们能够自持，较少地冒犯他人，而这是尊重的源泉。领导者只有打开了对立的心结，才有可能散发出一种正向的高等级能量，尊重就会成为企业新的动力。

开放

真正的开放来自放下和放手。在快速变化，需要更多新思维、新举措的现今环境中，我们需要企业领导者具有开放的思维、开放的心胸和开放的行为模式。这一切并不是从外部植入一个所谓的开放的概念即可完成，而是需要企业领导者真正地能够放下和放手，并以此作为企业变革的起点。

所谓的放下和放手，就是不再完全把持、减少控制，允许并接纳事物的自然发生；对于所发生的一切，所谓的好和不好，都要能够泰然处之；不偏执于过去，要愿意放下过去的成就和声望。唯有如此，企业领导者才有可能拥有一种开放的心胸。

有许多人其实处于一种开放的假象之中，自己也不能看清楚，经常被这种开放的假象蒙蔽。

有一位企业董事长，他是非常拥抱开放思想的人。在相当长的一段时间里，他让企业的各个部门去自主、自由地发挥各自的业务特长，找出业务发展的方向。他信奉自组织和自我管理的新潮流。

但奇怪的是，这家企业的员工并没有因此而变得活跃，也没有如这位董事长所期望的，企业变得像硅谷里那些高科技公司一样充满创意和活力，员工依旧是极其保守、拘谨，并且屡屡在业务发展的关键期丧失机会，不敢尝试。该企业的一位高管告诉我："我们这位老板就像头上的一只老鹰，你看着他已经离我们远去，实际上他在远远地看着我们。一旦发现我们走错了方向就会俯冲下来，我们已经被惊吓过许多次了！他所说的开放，只是希望我们按照他的意愿去做，还不是真正的放手。"

这种所谓的开放观念，只是一种更深层次的操控。许多企业领导者对这种深层次的操控，可能自己都没有意识到。但这种操控方式，会更加扼杀了企业的创造力，也使得许多企业家希望出现的创新多次打水漂。

责任、尊重和开放，是每一位领导者应该具有的最基本的素质，而其真正的源泉来自贡献、原谅和放下。在此基础上，还有一些新的领导力特质，大都是从这三个基本素质组合来的。

信任

信任是每位企业领导者应该彰显的最基本的特质。信任源自何处？信任来自责任和尊重。我们信任一个人是因为他可以担当责任，可以履行承诺，可以在关键时刻付出和贡献，而不是假装承担些许的责任。同时，这个人也要尊重他人，不会强迫、冒犯他人，在此基础上与他人发起平等的对话、生成公平的契约。

在这责任和尊重的前提下，信任才可能发生，在企业，如果我们看到某位企业领导者的信任反馈度很低，那么通常问题出在责任和尊重这两个方面。而这两个方面的深层原因往往是个人的欲求过于膨胀、内心对立的意识没有得到清理。解决的方法就是让他们去做更多的贡献和原谅，从而产生积极的责任感和尊重他人的行为模式。

创新

每位领导者都应该是创新的领导者，甚至应该是创新的化身，但真正的创新源于哪里呢？开放的行为和心胸是创新的源泉。因为创新意味着风险，意味着可能失败。如果不能对这些抱有高度的容忍和开放的心胸，创新就无从发生。

同时，创新并不是无所顾忌的新奇的游戏，不是技术狂人的试验。它与责任有关，它与完成组织使命和解决问题有关。因此，只有在责任和开放的领导行为下，真正有意义、有价值的创新才能够产生。在商业环境中，责任意味着对客户的承诺，也意味着客户导向，而开放意味着选择一切的可能性去达成这样的任务，响应客户的需求，完成企业的目标，并愿意承担风险，愿意放手、放下，让更多可能性发生。

如果一家企业的创新性不足，其根源就可能来自以下两个方面：

- ✓ 过于在意自身或是小团体的利益，而不能以贡献企业、贡献客户、贡献社会的心态看待未来。所以，缩手缩脚，让自己错失机遇，也错失了把握未来。
- ✓ 不能放下和放手。过多地干预，将自己的意志强加给企业员工，从而使得员工开放的心态被压制、开放的能力被限制。

合作

当今的企业领导者应该成为一名优秀的团队合作者。当然这个团队不光是指内部团队，也包括整个外部系统的合作。有人将这种合作观念称为生态系统的整合。合作的行为源自何处呢？来自开放和尊重。

优秀的合作者应该具有开放的心胸，能够容纳各种可能性、不同的意见和观点，甚至能够让不同的事物、观点在一起碰撞，产生出那些意想不到的创意。一味地按照自己的意愿干预团队成员的思路，显然不是一名优秀合作者的基本素养。

同时，一名优秀的合作者应该尊重他人，尊重合作方，甚至尊重对手，不侵犯他人的利益，能够在商业合作中讲究公平，需要透明时，可以分享自己的信息，并且在知识产权和利益分配上不侵犯他人。这样，才会是一名优秀的合作者。

企业领导者不是一名优秀的合作者，阻碍他们成长的主要来自两个方面：

- ✓ 依旧执迷于自己的观点、管控手段或者自我意识，他们希望的是干预，而不是开放。
- ✓ 内在的对立感、排斥感经常让他人对其无法产生信任。他们对不认可的行为有着情绪化的排斥，乃至于冲突和对立。

要真正成为一名优秀的合作者，就应该从这两种负面的心智模式中走出来，而选择开放和尊重这两种积极的心智模式。

利他

这六种领导力特质最终导向利他的行为。事实上，利他的思想在企业管理中曾被广泛提倡，但利他的领导方式并不被大多数企业真正接受。许多企业家依旧抱有相当强的利己之心，虽然也愿意承担一定的社会责任，但多是在法律和社会规范下不得不做的事情。

我们的时代呼唤拥有新型领导力的人才，每位企业领导者如果能够践行贡献、原谅和放下这些新的心智模式，自然会趋向于利他。因为贡献是利他的根本，原谅使我们产生利他的基础，而放下让更多的利益相关者共同受益。

反过来说，如果一家企业声称利他，却不能真正践行利他，其实也是和没有很好地去践行这三个要素有关，仍然停留在旧有的心智模式中。

过于在乎自身的成就，自我的欲求依旧占主导，又何谈利他呢？过于对立，不愿消弭内心的冲突和矛盾，又怎能真正站在他人的角度思考问题呢？过于执迷、偏执于自我的成功以及过去的成败经验，又怎能放下自我，开创新局面呢？

跨文化的视角

从跨文化的角度，我们也能看到，这三种心智模式的转变以及带来的新的领导行为和方式是跨文化的，是具有普遍价值和意义的，它既不是中国的，也不是西方的。

如果我们深入地去从历史角度和文明角度探索这几个方向，会发现东方也好、西方也好，在这些方面都有非常丰厚的精神遗产，也有着自身所存在的一些局限。

以中国传统文化为代表的东方文化，从远古时代起就强调贡献和奉献。家族文化的形成，一些人的人文视野开始逐渐变得狭小和局限。在当今全球化的环境下，我们看到这种以家族利益、血亲利益为基础的文明模式，与关心公共福祉和社会福祉的新的文明模式之间的冲突和矛盾。如何重新让一些人走出以亲情和亲族为纽带的文化方式，更多地思考和践行贡献于世界和社会，这是未来的一个重要课题。

在西方文明中，近几百年的工业文明产生了相当强的人和人之间的对立感和孤立感，这和工业文明之后所产生的对世界的分割化的看法有关，并且随着人本主义、自由主义的盛行，人们逐渐将捍卫自身的利益看得至高无上，而由此产生的彼此间的对立和矛盾也持续加深，更不用谈因宗教信仰不同产生的深层隔阂以及巨大的分歧了。

如何能够在未来化解矛盾？所采用的方式只能是彼此的宽恕和原谅，除此之外人类还有什么样的方法呢？有人可能会说这些属于理想层面，现实让这些新的领导力模式无法践行。但这就好像一个人得病一样，所有的这些新的领导者心智模式，就是给组织提供的治疗方法和药物，用多少、用到什么程度，取决于我们现实的环境和能够施以影响的程度，同时也和参与其中的领导者的意识层次有关。对于那些有着更广博心胸，自我非常淡化的领导者来说，他们会有能量以及相关的能力去施以更大程度的改造。相反，如果领导者自身能量格局不够、意识层次不高，其所施加的影响也将是有限的。但不管怎样，这一切在恰当的领导者引领下，都会逐渐走出一个新的螺旋式上升的阶段。

今天关于领导力模式的解锁过程来自领导者，来自他们的意识能量的提升、他们的力量和决心，当然也来自与大众相关的社会氛围、机遇和恰当的切入点。

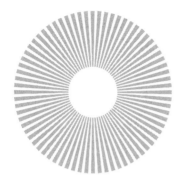

第五章

开启全新的变革

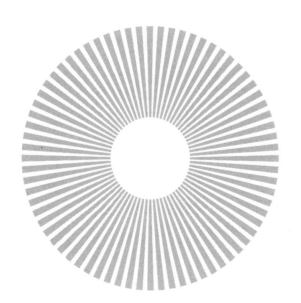

LEADING TO LIGHT

　　在过去几年中，我们的"轻战略"方法论被普遍用于处在不同发展阶段、不同规模的企业中。其中，有些是以战略变革的项目形式导入的，有些采用帮助客户开展一些短时间的战略工作坊模式，有些是带着培训的目的让客户学会"轻战略"的方法，使其可在企业内部按照自己的时间节奏去展开战略制定和战略变革的活动。

　　总体看来，客户们用这一方法建立一套战略变革方式并不困难，有些很快在局部就获得了很好的成果。但长期看来，帮助客户取得持续的成功，却经常困难重重。如何有效地、从根本上解决这一问题，整个业界都没有令人满意的方法。

战略变革为何失败

　　有一段时间，我对无法深入解决这些问题感到沮丧，直到我接触到大卫·霍金斯的意识能量层级理论，才忽然有一种豁然开朗的感觉：真正决定一家企业变革成功的，不只是"轻战略"这些硬性的方法论（虽然我认为"轻战略"方法论已经非常优化，并且非常精炼高效），更重要的在于整个企业能量层级的提升。

在意识能量层级中，我们可以看到，"勇气"层级是一个分界点，在此之上所展现出来的是"包容""乐观"和"理性"等心智模式。这些心智模式能够为企业提供一种正向的能量，有助于企业化解各种潜在的障碍和问题。而"勇气"层级以下所展现出来的是"骄傲""愤怒""欲望""恐惧"等心智模式经常使企业的发展陷入困境，使企业员工无论是内在情绪，还是发展动力，都遭到极大的打击。从人口数量上看，能量层级在"勇气"层级以上的人只占到整个人群的 15%。这样的比例，也与我们接触客户时的感受和经验相吻合。

更进一步，我对历经的诸多项目做过一次详细的回顾，发现了一个与意识能量层级高度匹配的特征：那些在进行战略变革时获得成功或者初步成功的企业，其领导者及企业氛围总是透着一种积极向上的力量。而那些屡屡挫败、无法真正展开有效的战略变革，或者在短期内有些成功，但在中长期走向挫败的企业，内部员工大多弥漫着压抑、紧张、消沉的情绪。

这些企业内部的情绪有的是由其领导者直接带来的，有些则受该企业所在圈子的氛围影响。企业无法逃脱这样的氛围，员工也不得不在这种压抑和压力下工作，而其战略变革方案就算是再合理，也很难得到成功落地实施。

在企业内部，不同人员的心智模式和意识能量层级也是完全不同的。有一些人明显具有超越"勇气"层级的能量状态，而多数人还达不到"勇气"的层级。即使是在领导层，这种现象也普遍存在。这就导致对一些最基本的业务问题，不同的人员也会有不同的观点和视角，给出的建议也不尽相同。我们来举一个大家普遍熟悉的案例。

几年前，移动互联网热潮席卷全球，无论是新兴产业，还是传统行业，都被这一新鲜事物的横空出世及其拥有巨大颠覆性的潜力深深震撼。但是，不同的企业，在面对这一新技术浪潮时，所抱有的态度迥然不同。

从意识能量层级的角度，我们可以深度考察每个人的态度背后的原因。

如果一些人的意识能量层级在"恐惧"层级，那么他们对任何新生事物的来临最初都会抱着恐惧的心态，认为这些新技术、新模式和新方向意味着灭顶之灾。进而，恐惧就会带来排斥，因此这类人在每一次产业更迭大潮中就很容易被淘汰出局。

对那些意识能量层级在"欲望"层级的人来说，他们有可能陷入互联网游戏所带来的欢愉和快感之中，不能自拔。互联网游戏对不同人的影响是不一样的。针对那些在"欲望"层级的人开发的产品，就会使得用户深陷其中，乐此不疲。

也有一些企业声称拥抱移动互联网，但过于草率仓促，以失败而告终。这样的例子屡见不鲜。实际上，如果总结这些决策者和团队所做出的决定，就会发现他们处在盲目乐观的"骄傲"层级。

而真正能够发现移动互联网带来的产业机遇，并且拥抱这些变化，取得成功的，多是那些意识能量层级超越"勇气"的人。他们抱着一种正向乐观的态度来看待新生事物，并能够现实地将这些技术和自身条件结合在一起，开辟一个新的产业，或者和自己企业转型的方向结合，形成新的未来发展道路。

类似的例子还有很多。在近年出现的大数据、人工智能技术的冲击下，这样的情形一再重演着。

因此，当我们在企业内部展开战略变革过程时，能分清楚团队成员不同的意识能量层级，并恰当地邀请不同层级的人员在不同的阶段加入进来，就显得尤为重要。如此，战略共创才能被更加合理地推进。

在这一方面，我们的经验和教训也可以说非常之多。"轻战略六步法"中的关键一步是"洞察变化"，也就是在变化的市场环境中，哪些是我们应该关注的机会，我们如何对其识别和界定。在这一过程中，如果我们邀请一个跨部门的团队共同探讨，就会发现他们对同一个机会的认知和看法可能会大相径庭。

在一次企业的研讨会上，一名负责营销的高管对某种工程机械的服务业务带来的商机非常热衷。因为他听到了客户的声音，也看到了同行的类似做法，觉得在整个制造业萎缩的情况下，这一领域应该是未来可以大展拳脚的方向，至少可以为公司的业务多元化发展提供一条新路。

但公司里负责运营和财务的主管，对此则非常忧虑。因为这一新型业务所尝试过的几个合作模式都与原来的模式不同，其潜在的风险很难评估，他们已为此付出大量的财务成本，但还没有看到何时能够带来赢利。为此，双方争持不下。

若是抛开他们的岗位立场，只是观察这两人的行为及其背后的心智模式，就可以看到，这位负责营销的高管属于那种极具市场洞察力和开拓热情的人，我认为他的意识能量层级至少在"中性"层级以上。而那位负责运营和财务的主管的这种谨小慎微的心理可以表明他总是处在恐惧和焦虑之中。

在这种情况下，要让双方调和意见、达成共识，找到一个最优解，是不现实的。当意识到不同的意识能量层级导致人们对同一个问题拥有不同的视角、产生不同的观点，我们就可以跳出讨论和共识本身，而寻找另外更为高效的解决方式。

不同的意识能量层级有时会导致我们选择不同的工作岗位，担当不同的职责，很难说是我们的内心世界塑造了现实，还是现实世界改造了我们的内心世界，总之，有时可以看到两者之间的高度匹配。

我们将企业中常见的心智模式分成五大类，两类是负面的，三类是正面的。遗憾的是，拥有正面心智模式的人在总体数量中占比较少。负面的虽然占比多，但所表现的行为模式是类似的。

负面心智模式一：恐惧和焦虑型

持有这种心智模式的人，对任何新观点和新事物，一般都表现出恐惧和排斥，经常过度解读新生事物的负面影响。

这类人在企业中普遍存在，特别是在高层管理者中。如果这样的人员太多，整个企业的氛围就会压抑得让人难以忍受，中低层员工就会弃之而去。

负面心智模式二：欲望和愤怒型

持有这种心智模式的人，对获取更高的经济利益孜孜以求，对是否可以赢利斤斤计较，对无法完成任务的自己或他人常常怀有愤怒的情绪。他们所具备的能量高于恐惧和焦虑型，但其若不加以改善，依旧会让企业充满紧张感、火药味和持续不断的欲望。

对许多企业来说，这类人往往是企业内的骨干，也是企业赖以发展的中间力量，因为他们带有足够狼性、冲劲，或者叫血性，但他们带来的破坏和伤害也是非常巨大的。这种心智模式的人经常使企业无法真正面对现实，阻碍企业开拓出一个全新的局面。这类人更多是在固有的模式下打转，被原有的思维方式和做事方法束缚，而找不到新的出口。

由于过去的业绩和成就，这类人很容易被任命为企业内的营销主管，甚至高级的营销主管。但他们的意识能量层级限制了其继续发展的可能。如果没有认清他们身上的局限而委以重任，甚至将公司的发展大计交给他们，企业很容易遇到发展瓶颈，最终他们自己和企业都会遭受损失。

正面心智模式一：勇气型

勇气，是指一个人能够客观和正面地看待面临的处境，承认现实，但不悲观，愿意在艰苦复杂的环境里找出解决方案，承认自己的不足，不加掩饰，同时愿意尝试新的方法改善不足。

这种心智模式不论是对个人，还是对组织，都是变革的真正起点，是使得所有变革方案得以正常推动的最基础的力量。

在我经历的诸多战略变革项目中，持有这种心智模式的公司老板和高级主管不是很多。尽管在企业中所占数目不多，但他们却能够带领一个充满负面能量的团队继续向前走。一个组织内如果这样的领导者多几位的话，就会形成一种积极向上的文化氛围。成员们会认为困难和挑战都不在话下，即使遭遇各种挫折，他们也总能找到未来发展的方向。这种积极肯定的文化氛围，会成为他们企业的底色和特质。

我选择客户有一个秘诀：一定要选择具有勇气型心智模式特质的领导者和团队，这样才有可能形成一个成功的客户案例。换言之，如果企业领导者的心智模式低于勇气型，就算企业足够强大，员工也拥有足够的狼性和血性，成功的可能性也依然是非常渺茫的。

有时客户请我们去做项目，我们心里知道这个项目不会有真正好的结果。于是，我们默默地为他们赋能，带给他们新的视角，期望对他们有所帮助，至于更大的效果，我们无法期许。通常可能就是上一两堂培训课，培训就此结束，因为他们的心智模式没有改变，真正的企业变革是无法发生的。

正面心智模式二：中性和授权型

持有这种心智模式的人已经超出了"肯定"的这种认知视角，愿意用一个更加开阔的眼光看待是与非、好与坏、机遇与挑战、挫折和再生等看似矛盾的观念。因为不刻意区分这些看似矛盾的观点，这类人就很少有区分矛盾观点时容易产生的小心谨慎和焦灼不安。持有这种心智模式的企业领导者更愿意授权团队去尝试，自己则以一种更加超然的状态来看待企业的发展和战略变革的机遇。

他们愿意进行各种新的尝试并承受相应的失败，这样的领导者和高管团队是非常稀少的。在我们提供"轻战略"战略变革模式的咨询方看来，这样的客户是最佳的，因为他们不认为失败是咨询方的过失，也不认为成功是自己的荣耀。他们可以客观地看待这一切，并且对成功和失败有足够的包容，持有平和的态度。

正面心智模式三：睿智型

这样的领导者在现实的商业环境中更为稀少，至今我可能就碰到过两三位而已。如果按照意识能量层级去衡量，他们的能量值已经达到甚至超越"理性"层级，按照大卫·霍金斯的说法，这样的人的能量，一个人相当于40万个具有"勇气"能量层级的人的意识能量。他们如果是学者，就会是那种诺贝尔奖级的大师。他们如果是军队的一名统帅，就足以成为最高级别的军事将领。他们是天生具有领袖风范的人物。

虽然名为睿智型，但其实这类人已经具有上文所提到的勇气和中性、包容这些基本特质。更重要的是，他们可以用一种抽象的视角来看待世界，而不是陷在具体事物的表象中。因此，他们已经脱离了基本的争斗和欲望，可以更加深层次地理解世界运作的规律，而他们自身宽厚的人品和豁达的心胸，又让他们可以容纳各种想法的碰撞和实践，并可以游刃有余地面对新生事物。

他们虽然是企业家，但同时兼具思想家乃至哲学家的特质。他们说出的话平实，但又具有启发性，有时略显深奥，但引人深思。他们展现的人格特质会自然而然地让团队成员愿意服从，也愿意跟随。依靠深厚的意识能量基础，他们所做的许多决策即使在开始时无法为许多人理解，但最终往往被证明是正确的。因此，他会获得更多人的信任和追随。

这样的人，咨询方提供怎样的方案已经变得不重要，因为他们会经常提出更好的反馈和建议。他们会把所有为其提供帮助的人们当作伙伴，而建立超越买卖和交易的关系。与他们相处，咨询方不会感到有压力，甚至会有更多的学习和成长，会获得智慧上的提升。

新的变革模型

在变革理论中，通用电气公司有一个非常著名的变革有效性公式：$E = Q \times A$。E 指的是变革的有效性，Q 指的是解决方案的质量，A 指的是利益相关者的接受程度。

这个被广泛采用的公式表达了一个基本观点：要让变革有效，解决方案的质量和利益相关者的接受程度同等重要。再好的方案，如果利益相关者不接受、排斥，其效用也为零。同样，虽然大家都踊跃拥护支持一个方案，但方案本身的质量低劣，其效用也不会太好。

但我们经过多年的实践发现，利益相关者的接受程度实际上与其认知水平有关，而认知水平很大程度上取决于我们的意识能量层级。因此，我提出一个新的变革有效性公式：

$$E=Q \times M$$

这里的 M 指的就是方案参与者的意识能量层级。也就是说，一个好的方案要"找到"拥有更高能量层级的参与者才能更好地实施。Q，即解决方案的质量，更进一步说，这个 Q 实际上也是 M 的函数，其产生是与参与者的意识能量层级有高度相关性的（见以下公式）。

$$E=Q（m）\times M$$

当移动互联网大潮来临时，不同意识能量层级的人制定的解决方案，其质量、高度和深度都是不一样的。而变革的有效性与解决方案的质量和参与者的意识能量层级都息息相关。最终，变革的有效性决定了方案的执行的结果。

在我们总结的这一公式中，我们已将利益相关者的接受程度这一看似客观的概念，转换并抽象为方案参与者的意识能量层级。方案参与者意识能量层级的高低，与核心领导者和高管团队密切相关，也和核心管理人员的组成结构高度相关。

我们会看到，在企业变革这一动态持续的过程中，维持高的意识能量层级，甚至不断提升这一意识能量层级，会使得战略变革的成效大大提高。

企业变革的三阶段

"轻战略"方法论所主导的企业变革，共分三个阶段，分别是清理、调整和赋能（见图 5-1）。

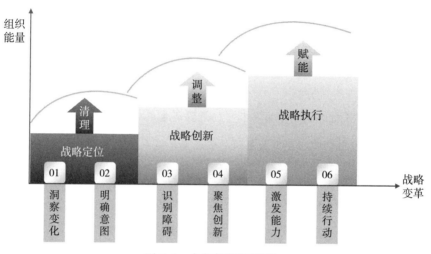

图 5-1　企业变革的三阶段

我们可以将企业看作生命体。要让生命体健康有效地工作，首先要将过去沉积的能量、情绪等做一番清理，进而对其内在的运作方式进行调整，最终赋予其能量，使其在新的能量层级上健康运行。

清理

在清理阶段中，最重要的是，我们要知道何为无形的清理。无形的清理是指对企业的集体无意识进行清理。这可能超出了一般人的认知范围，但它的确存在，并且相当关键。我们可将其称为企业的情绪清理。

清理情绪

情绪在表面上似乎是可以观察、感知到的。我们甚至认为能从表面感觉出情绪的温度。不过，这些只是表象而已。在情绪的背后，或者说在个体无意识或集体无意识中，还潜藏着一种能量，这是我们的感官无法觉察到的。不过，这种能量确实存在，它往往被锁在各种情绪中而无法得到释放。

在企业在发展的过程中，我们会看到各种卡点。无论是团队间的冲突甚剧，还是缺乏创意，或是在执行过程中出现的各种障碍和不如意，这都是因为潜在的能量没有得到疏导。这种能量既是物质的，也与意识有关。从根源上清理情绪的方法就是我们上文介绍的"意识归零法"，也即用归零的方式清理情绪。

学会"意识归零法"，需要一番认真的实践，特别需要操作者对内心归零之功用存有深刻的体悟和认知。"意识归零法"的实践范围和对象非常广泛，涵盖了作为目标对象的个体，还包括企业本身及其运作方式。成功实践"意识归零法"后，企业所实施的变革会变得更加顺畅。这种方法虽然是在无形中进行的，但其产生的作用则"摆在明面"。这一环节非常重要，但也超出了一般人的认知，只有实践过的人才会真正地了解其功用。

清理认知

如果说清理情绪是在无形中进行的作为，那么清理认知则是理性的，可以触及的。

当今企业变革理论的研究依旧停留在理性、感性这种相对宽泛的层面上，而我们上文所谈及的"感性"则并不是指与理性互补的感性，也即我们的感受，而是指一般感受所不能触及的，但会影响我们表层的感受以至于影响理性的那些东西。因此，清理认知，即清理属于理性的部分，也只有在对感性的部分加以"意识归零"式的清理和清洗之后，才会变得顺畅。

在清理认知的过程中，参与变革的团队和主要领导者需要直接回答两个关键问题，那就是：

✓ 我们应该贡献什么？
✓ 我们应该放下什么？

回答第一个问题的目的是让我们重新拾起对工作意义的认识。这个问题常常被人们淡忘。就像我们在研讨会中询问参加者：你想从这场研讨会获得什么？他们可能会滔滔不绝地说出许多需求。但如果被问及你可以为这场研讨会贡献什么时，许多人往往不知从何说起。即使他们说出自身有贡献之处，也不会像表达自己需求时那样自信和直截了当。

这反映出我们长期固化的思维方式：我们习惯于索取和获得，而对贡献和服务他人已变得生疏。

我们曾反复提及，企业能够保持长期的活力，多因可为他人、为社会、为世界创造价值，利他的同时，进而取得自身的成功。许多企业苦心经营，一切向利润看齐，就会陷入不知为何而经营的状态之中。

这是许多企业出现问题的根源。只有重新拾起对工作意义的认识，思考应该贡献什么，我们才会发现自己到底需要培养什么样的能力，怎样使企业与市场需求相匹配，怎样才能保持企业的健康发展。

　　某家全球领先的平板电脑制造企业，虽然在业务上取得了很大的成功，但因为平板电脑行业的产品和技术迭代非常快，所有管理层和员工每天都疲于奔命，保证自家企业掌握尖端技术。面对琳琅满目的自有品牌产品和OEM 产品，他们经常迷惑，"自己到底在做什么？如此快速的变化、如此辛勤的工作到底为了什么？又该如何告诉那些新加入公司的员工为什么在这里工作，为什么这里值得待下去呢"？

　　为了解决这种越来越严重的迷茫，该企业的领导层邀请我去给他们开一次研讨会。通过研讨，这家企业的管理团队最终意识到，他们提供的不只是那些更新换代速度非常快的电子产品，还在为客户带来更便捷、更廉价的使用体验，从而让各种过去不能实现的服务通过他们的设备实现。可以说，在这个层面上，他们完成了对工作意义的塑造。工作意义让这家企业的成员凝聚在一起，携手去做他们认为有意义的事情。

　　当然，若换一个角度看，这家企业所提供的电子服务多为让人容易沉迷其中的电子游戏，那么这一工作真的对人类、对社会有好处吗？这样，他们又会陷入另一层困惑，甚至迷茫之中。所以，关于贡献的讨论是没有止境的。贡献需要企业在不同的层面、不同的阶段、针对不同的问题不断地去探索和界定。

　　至于回答第二个问题的目的，则是要让我们的意识清零。这对有拥有一定业务能力的企业来说，实践起来尤其困难。这些企业的员工习惯于熟知的工作方式、熟知的技术和熟知的客户，要让他们的意识清零，并不是让他们回答一个提问即可解决的，而是要让他们阶段性地回答一系列提问。

先问：你现在应该放弃什么？而后问：如果你现在什么都没有做，那应该做什么？接着问：如果重新来，你如何可以做得更好？如此，等等。

这些都需要我们从认知清零的角度重新看待我们的业务和工作，这是战略变革的重要起点。如果没有这两步清零工作做基础，企业真正的战略变革，无论是战略研讨，还是战略实施，都会面临巨大的阻碍。

谁来清理

清理情绪完全实施起来，就是清理整个企业的基础能量，这是一项极具挑战性的工作。这个工作依靠谁来做呢？通常可以有两类人，一类是外部聘请的专业人员，一类是企业内部的高管。

无论是哪类人，真正可以肩负起清理企业能量的人员，意识能量层级都要在"勇气"层级及以上的水平。这样，他们才有可能帮助企业进行基础能量的清理。这些人在不断帮助企业清理基础能量的同时，自身的能量也可能获得持续的提高，这恰恰就是对利他行为的最好奖励。

要真正做好企业基础能量的清理，这些专业人员或领导者首先要做好自身的清理。这就需要他们平时做好锻炼，努力成为**教练型领导者**或**领导型教练**。

无论是教练型领导者，还是领导型教练，他们都认同让自身的心智模式从欲求、对立、执迷等负向心智模式中走出来，也愿意在解放自我的过程中运用贡献、原谅和放开等解锁方法。这些人员的基础意识能量层级在"勇气"层级之上，他们是积极乐观、不畏困难、乐于助人的人。他们的自我感知是清晰的，但不是顽固不化的。他们愿意奉献，并且以此为荣，也勇于原谅和宽恕他人，甚至是那些在他人看来很难跨越的情感上的障碍。他们执迷之物较少，不会"卡"在某些特别明显的事物和情绪中。他们更加正向、中立，因此，他们所进行的情绪清理将是有效甚至是高效的。

企业中的教练型领导者要做到这一点，有时并不容易，往往需要他人去发现他们的潜质。但越来越多的企业领导者掌握这些方法后，会自然而然地愿意成为这种类型的领导者。他们会和过去那种基于恐惧、欲望，乃至愤怒的管理模式说再见，愿意成为一个正向的、有勇气的领导者，愿意把这些方法应用到企业变革中去，引领自己的团队走上一个更高的意识能量层级。这就是我们说的教练型领导者的含义。

调整

我们对企业情绪和企业认知进行一段时间的清理后，就可以进入战略变革的下一阶段——调整期。

在"轻战略六步法"中，调整期通常是从第二步，也就是"明确意图"开始的。在这一过程中，我们需要对过去惯常形成的战略定势进行一些全面的或者局部的调整。请注意，这些调整都是在我们对整个企业的情绪和认知进行初步的清理之后才去实施的。

如果没有做好清理工作，调整的过程将会变得非常艰难，充满冲突和矛盾，很难取得重大的突破。并且，后续的战略变革也会变得困难重重，令人身心疲惫。但反过来，如果前期进行了充分的清理，这一切将变得相对简单。调整经常会在一些关键的节点上给人一种云开雾散的感觉。

我们的优势

战略变革的起始点，在于我们在市场的机遇和自身的优势之间建立联系。

但在过去，我们对优势的评判，往往取决于用这些优势能否取得更好的市场成果和业务绩效。这在传统思维框架下是十分合理的。但如果我们改变过去的心智模式，用一个基于贡献的视角看待这些优势，将这个问题调整为：我们的优势是什么，如何让我们做出更多的贡献？

我们的思路就会变得更加开阔，我们的灵感也会频频被激发出来。

对许多固守于传统心智模式的个体和企业来说，这一问题似乎很具挑战性，但对那些已经准备好的个体和企业来说，它就变得容易解决。

美国巴塔哥尼亚公司注重环保型户外装备的开发，其创始人依冯·乔伊纳德早年是一名户外运动爱好者。他本人并没有很高的学历，但酷爱与大自然接触，经常在营地和野外度过愉快的时光。

在享受户外时光时，他发现攀岩所用的各种工具并不完备。于是，他开始着手自己制造攀岩用的岩钉。因为质量很好，能够满足许多户外爱好者的需求，这种本来为自己提供便利的产品逐渐演变成畅销的商品。他开始接到许多订单，开始开办公司，公司规模开始越来越大。

但随着时间的推移，他和同伴们发现，这种岩钉会给岩石留下许多难以恢复的创伤和痕迹，这对热爱大自然的他们来说，是难以接受的。于是，他们准备放弃这一业务。但一项已经开展已久的公司业务，又不应轻易放弃。

经过重新讨论，凭借已积累的技术以及对自然的热爱，他们摸索开发出一种新型岩爪，攀岩时不会给岩石带来伤害。这种产品让许多户外爱好者可以"无公害"地探索世界、享受自然美景。

对于这次业务转型，巴塔哥尼亚公司团队丝并没有感到丝毫压力。如果换成一家以业务为导向的公司，这一过程可能充满了挑战，甚至都不知道该如何下手。正因为巴塔哥尼亚公司拥有正向的心智模式，这次业务转型才在自然而然中完成。

我也遇到过一些转型艰难的项目。其中，一些企业在原有的商业模式下非常成功，但随着市场环境的变化，它们面临重塑自身核心能力的挑战。在转型过程中，我经常问他们的问题是："我们到底擅长什么？我们长期的优势在哪里？"

我发现，在许多没有调整心智模式的企业中，管理层的回答经常是与获取市场、获取利润相关的那些能力，当我们询问如何将这些能力和优势在易变的环境中更好地贡献给世界、为客户创造持续的价值时，他们往往会无言以对。因为这是他们几乎从未思考过的问题，而这个问题恰恰会决定这家企业的生死存亡。

既然固有模式下的获利方式已经式微，如果再不能为客户创造价值、为社会带来贡献，以期从原有的优势中持续发现创新点，那么这些企业存在的根基又在何处呢？

使这些企业陷入困顿的正是负向的心智模式和认知水平。如果这些企业的领导者愿意率先突破原有的思考方式，就有可能带领团队走向新的高点，而这些与企业领导者自身的认知水平有巨大的关联。

在企业变革的关键时刻，企业领导者的立场及其领导作用尤为重要。一家企业在决定怎样强化自身的优势和能力，准备做出怎样的贡献时，不能只是任由团队成员自由讨论，或者以投票的方式进行表决，而需要领导者挺身而出，讲出自己的真实观点，警醒那些持有消极心智模式或只是被短期利益驱使的成员，让他们站在更高的层面来看待企业的发展之根基。

有一家已创办三年的企业，其向市场提供的光学设备具有了一定的影响力和口碑。随着更多成员加入，企业的营销力量、研发力量和运营团队都得到了大大的扩充。但这些成员大都来自其他企业，成长在不同的环境中，因此经常观点不一。

市场环境在急速变化在这样的环境中，寻找自身的核心能力，并依据优势去构建基于未来的竞争力，变得愈加迫切。公司的创始人是一对夫妇，俩人平时配合得很好。在论及企业当往何处发展时，团队七嘴八舌、观点不一。不过，他们仍保持开放式的态度，希望团队成员共同决策，虽然男性创始人并不认为这是最佳的方式。

当时，我曾给这位男性创始人很大的鼓励，希望他在关键时刻能够做出决断。他接受了我的建议，与他的太太做了多轮沟通后，在后续的讨论中向团队做了一个简短的陈述。他希望他们的企业能够真正生产出对社会有益、可持续成功的产品，而不是聚焦于短期的赢利目标，或是因为投资人的压力而改变最初设定的战略方向。

这位创始人的表态，让我感到他们的企业充满希望，也让团队成员的情绪为之一振。之前那种七嘴八舌、观点不一的混乱情形也一去不复返。

在企业改革的关键时刻，企业领导者要敢于站出来，引导团队向一个更高的层级迈进。当然，作为顾问方，我们这时也应该洞悉何处是意识转换的关键点，把握这一关键点，将有能力的企业领导者推向正确方向，而不是任由各种负面力量互相撕扯。

这时候最应避免的就是那种虚假的民主决策。企业领导者自身的作用在此阶段至为关键。

面对弱化组织的因素

我们明确了企业的优势、应该为世界贡献什么之后，通常会进入"轻战略六步法"的第三步和第四步，也就是"识别障碍"和"聚焦创新"阶段。

这两个步骤的含义是很明白的，我们要构建和打造这种持续的优势，并为他人创造价值、造福世界。那到底是什么"卡"住了我们呢？什么阻挡了我们？哪些是关键的成功路径？为了解决这些问题，我们需要提出怎样的创新方法？

所有这一切都是自然流动的。但在战略变革的过程中，无论是在一场场战略研讨会上，还是在后续实施的战略变革项目中，我们都发现，真正找到创新的战略方案是非常困难的。高管团队甚至企业领导者经常会陷入原有的思维模式中，重复做自身熟悉的事情，真正具有突破性的变革很难自然发生。

我经历过许多战略项目，从中发现了一个较为普遍的现象：团队在提出面临的困难和挑战时，对其中的有些问题会感到情绪低落，而对另外一些问题，却会感到欣喜、满怀希望。这是为什么呢？

当那些在心中盘桓已久的问题被不断提出来，而又解决无望时，团队成员的心理会倍感虚弱和疲惫。而对于那些过去从来没有遇到，或者偶尔出现，但没有形成统一解决方案的问题，团队成员会感到新奇和兴奋。这是人类遇到新鲜事物时的自然反应。

在团队共创时，我们可以让团队的工作暂停下来，问一问大家的感受：在遇到的这些障碍中，哪些让他们心有胆怯？哪些反而让他们力量倍增？

这一切换角度的提问，实际上是为了让团队成员摆脱思维和情绪上的惯性，而直接用自己的身体感受来回答。那些让他们心有胆怯的问题，可能正是弱化他们的能力、使得他们难以实现战略愿景的关键阻碍。而那些他们并不畏惧，甚至信心满满的问题，即使棘手且解决非易，团队成员在处理时，也会较为得心应手。

这时，调整让他们心有胆怯的因素就变得愈加重要。调整的通常做法是，我们请与这一问题最相关的管理者或领导者就此问题做一个非常简短的重新描述。然后，我们用之前的"意识归零法"帮助团队去除其中的障碍。

任何一个使我们心有胆怯的问题都不能以一言尽蔽之，其表层的阻碍只能揭示出其深层存在较为严重的"病灶"，阻碍了企业内部的运作，使企业的能量不能得到完全发挥。但它是如何造成的，这个问题其实并不重要。因为人类的认知能力有限，不可能穷究隐藏在各种现象下的本质。即使可以穷究而找到原因，也需花费大量的时间和精力。并且，即使找到原因，也不一定能找到解决之法，徒然耗时耗力，得不偿失。而且，我们针对问题所总结出的因果关系也往往仍是"表面"的，而问题背后仍有其更为本质的根源。就像一个人得了疮病，从表面看，伤口是疮导致的，而疮的背后，其实又有许多微生物在作祟。但这些微生物又是如何导致皮肤生疮的呢？这又需一套解释机制。如此推溯，疮病产生之原因不可穷尽。在有些情况下，这些所谓的问题我们并不用试图解决。

在某种意义上，因果的呈现是我们人类认知的结果。如果从高等物理学，特别是量子力学的观点来看，因果是我们人类思考和观察的结果，而背后的形成机制、深层的隐含的秩序并不像研究表象这么简单。所以仅由表象去推导本质，并且试图加以解决，这在组织变革的很多情况下是相当困难的。但是有一点，我们如果能够运用根源性的能量解锁的方式，是可以有效地解开内在的阻塞的，从而让这个问题在根源上得以化解，这的确超出了很多人的认知和经验，所以我们只有通过实践才能加以体认。

而且，有些解决方案反而会让问题变得更加复杂，会在问题之上叠加新的问题，而问题的根源并没有被触及，甚至被"埋"得更深。这时，找出一名与这一问题最为相关的人，最好是公司的高管，甚至是最高领导者，然后让其对这一问题加以深层解锁，这将会是最恰当的方式。当然，在许多情况下，会议的时间并不充裕，这一方法也可以在会后使用。

除此之外，团队如果还有足够时间和意愿进行讨论，我们还可以采取第二种方式，用积极的心念解决问题，这种方式分为两个关键步骤。

第一步，面对那些让我们胆怯的问题，与这些问题最为相关之人为团队成员说出其存在的积极意义。万事不可能无一利而全为弊，问题固然存在，阻碍企业的发展，其存在抑或是企业发展的一个契机。这时，我们就看到了这些让我们胆怯的问题的积极意义。

第二步，基于这一正面的、积极的意义，鼓励团队成员去寻找一个正向的、可让大家备受鼓舞的方案，以替换原有的因畏惧而不能直视问题所做出的方案。若是能找到这样一个正向的方案固然好，实在找不到，也不用感到挫败，至少我们已经知道那些让我们心生胆怯的问题也有其正向的意义。

大家注意，在这一过程中，我们始终努力将所有团队成员的心智模式拉到勇气层级及之上。这正是基于正向肯定的视角和思维角度，以及相信我们可以找到解决方案的授权式的认知，并且我们也接受找不到解决方案的结果，这一过程的练习未必会立刻产生有效的解决方案，但它会逐渐地改善团队的意识能量层级。在这一过程中，主持讨论的引导者或者主持会议的领导者，他们所处的状态就格外重要。

现实中的大量例子是相反的。当试图去解决那些让我们心生胆怯的问题时，我们所处的认知水平往往是负层级的。面对这些问题，我们会感觉失望、恐惧，甚至无助，有的人还会表现出愤怒和不耐烦。不管是怎样的情绪，大家多会沉浸在负向的情绪中，特别是当无法找到这些问题的深层原因，甚至尝试多年都无法解决，又重新回到原点时，大家会感到巨大的挫败感。

试想在这样的认知水平下，问题如何得到解决呢？遗憾的是，这样一个显而易见的事实，长久以来却被人们忽视。企业中有大量的资源和时间就被浪费在这些无效的讨论和试图解决问题的研讨会中，其结果大多是白费功夫。

如果，我们接受这样一个事实：问题根源的解决，并不在于这些表面现象，而在于对那些深层的能量的解锁，并用清洗的方式对问题加以彻底的解决，放手让这过程自然发生，不用特别着急地让它产出结果，或者我们在现场利用项目机会，让团队成员产生一种认知水平的提升，那么我们就会看到组织的变化，这一变化即便是缓慢的，但会从根源上发生。

最终，我们会意识到，在调整阶段，这些问题的解决，在于我们认真实行组织能量的解锁。而这一切，都会变成极具价值的过程。

新的团队合作关系

在战略变革的调整期，团队及其合作关系需要一种新结构，这将是至为关键的。

传统意义上，我们将团队定义为，为了完成共同的目标，一群在一起的技能互补的人。这当然没错，但这只是一种中性的表述。如果这种中性表述的团队成员成长在传统的心智模式下，那么整个团队只是为了达成业务目标、取得更好的业务绩效而在一起工作的，彼此的技能互补也只是为了这一目的。如今，我们已经明白，如果整个团队的意识能量层级很低，这种团队的合作氛围将是很糟糕的。纵然他们有共同的目标、高超的技能，在一起工作也将是充满压力、不和谐的。

因此，许多领导者为团队合作注入了行为标准，乃至文化因素，期望能够让团队合作顺畅。

其实，回到根源上，事情本不需这么复杂。团队合作若在新的心智模式下进行，我们只要关注几个关键点就足够了。

首先，新的团队合作关系应该是基于彼此的贡献，而不是彼此的索取。

传统的团队合作方式基于技能互补，其中一个隐含的假设就是团队成员之间可以互相依赖，从而共同构建一个拥有更加丰富技能的协作体以完成目标。但如果心智模式不发生改变，这种彼此的依赖关系就成了一种彼此的索取关系。如果新的心智模式得以产生，这种依赖关系就变成了彼此的贡献关系，合作关系就完全改变了。这样的改变并不困难，但需要从每个行动、每个细节做起。

例如，在每一次团队会议中，每个团队成员都应该问自己：我在这次会议中可以贡献什么？在每一次团队项目开始时，每个团队成员都应该问自己：我可以为这个项目贡献什么？团队领导者应该让成员大声地、明确地说出来。

刚开始时可能有些困难，就像我们多次提及的，每个人提出"我在这个项目中想达到什么目标"是容易的，因为我们已经习惯了索取、欲求和达到自己的目标，而真正谈到"我可以贡献什么"时，自己的思路则不见得有那么清楚，甚至有些不自然，有人心里可能还会有抗拒。这都没有关系，因为这是一个思维调转的过程，是一个逐渐习惯的过程。

在行动卡壳时，团队领导者也要习惯于通过询问每个成员可以贡献什么来解决问题。通过这一高能量的吸引子的问题，每个人的意识能量层级在每一步、每个关键点、每个事件中都在转变。这是一个有意识的转化过程，是对每个成员的意识进行提升和赋能的过程，需要团队持续地执行。

其次，是彼此的原谅。

团队合作中会出现许多分歧，团队成员因个性和成长背景的不同，也会存在许多潜在的矛盾。在新的心智模式实践中，团队成员在第一次相聚、还没有组成团队时，除了自我介绍、了解彼此的背景情况，最重要的是表达，愿意彼此宽恕和原谅，让每个人打开内心的那把锁，先做一次彻底的"意识归零法"。

在此后的团队合作中，每每碰到问题，团队成员或许心里不自在、不舒服，甚至发生语言和行为上的冲撞，但能主动地去请求对方的原谅，从而使内心之锁持续处于打开状态。

领导者在这一过程中扮演着一个关键的角色。他不是调停人，而是鼓励成员彼此原谅的提示者。这对团队构建一种平衡的、内在流畅的合作关系是至关重要的。

更进一步说，当团队内部出现矛盾时，团队成员不要掩盖，也不能掩盖。因为这些被掩盖的问题在未来会以新的形式爆发。甚至也不需要彼此去理解，心智层面上的各种理解的假设只是找出一些合理化的解释，会让我们的思维变得复杂，也会让这些问题换一种形式被埋藏起来，未来依旧会爆发。重点还在于彼此原谅，这就足够了。

这一过程是团队成员共同减轻自我和自我消融的过程。相反，**无论是埋藏矛盾还是给矛盾找出合理化的解释，在某种意义上都是自我的强化，是一种自我认知的强化，即便是团队自我身份认同的强化也是一种自我的强化**。这种强化在某种程度上会激发深层的矛盾，而真正的那种自我的消散、自我的认知瓦解才是解决问题的根本之道，才使得真正深层的深埋于团队无意识中的能量得以释放，才能使未来的合作变得顺畅，没有阻碍。

再次，在于调整团队的领导者。

大家阅读到此，就会自然地认识到团队领导者的关键作用。他们应该拥有较高的意识能量层级，否则不仅不能担负起领导团队的责任，还会成为团队的累赘。他们是具有正向信念、积极向上、具有乐观精神的人，能够赋予团队成员心智上的力量。他们可能不是专业技能最高的人，但可以将团队凝聚在一起。这种人的最大特质是在困难时期能够赋予团队能量，带着团队成员往前走。

很多人以为，卓越的领导者只是那种善于协调、善于摆平各种利益关系的人。其实不然。卓越的领导者更需要具备宽广的心胸、眼界以及更高层级的能量，从而可以化解团队中的分歧。更进一步，领导者若是能够启发团队成员去为彼此做贡献，尤其当团队内部出现问题时，能够鼓励成员彼此原谅，则更为优秀。

在很多情况下，团队领导者都比较强势，习惯以自己强悍的行事作风来服众。但他们不知道，能够原谅并且请求别人原谅，才是真正高尚的行为。

在企业内部，团队成员彼此原谅是非常重要的，因微小的嫌隙没得解决而导致成员彼此不原谅，进而产生更大问题的团队比比皆是。这需要团队成员的自觉，更需要团队领导者能够在关键时候给予指引。

最后，要让团队的氛围轻松愉悦。

从意识能量层级图中，我们可以知道，正向的能量应该是轻松愉悦的，尤其是当能量层级在"乐意"层级之上时，人就会产生乐观的情绪，这种情绪会帮助团队触发灵感。而那些紧张、压抑、焦虑的情绪都是负向的，一般会打击团队探索的积极性。所以一个高产出的团队，应该有一种轻松、愉悦、乐观的团队氛围。

团队领导者和主要成员要能够经常帮助团队去营造这样的氛围，让团队成员以轻松的心态创造新事物或新理念。不过，这对有些习惯于严苛管理方式的领导者来说，是一件困难的事情。这类领导者应该从这些严苛的管理理念中解锁出来，解锁的方式依旧很简单，就是我们之前谈及的新的心智模式。如果他们能够更多地秉持一种贡献的心态来看待自己的行为以及与团队的关系，团队中索取和苛责的声音就会减少。

　　传统意义上的团队领导者习惯于命令团队、规定成员要定期完成一定的指标。这种欲求和索取的心态，会让团队的氛围变得紧张。虽然达成一个目标是团队成员在一起的目的，但团队成员应该以一种彼此贡献的方式来完成，这样团队的创造力才会加倍。

　　同样重要的是，团队领导者自身要经常去原谅他人并请求原谅，让紧锁的自我逐渐打开。而这样做的前提是认识到内心的灰暗状态来自内在的对立情绪，这种对立情绪以及由此产生的急躁、愤怒和怨恨，都应该通过原谅的方式加以消解。原谅自己、原谅他人，同时寻求别人的原谅，这是解决团队领导者内在焦虑的重要步骤。

　　另外，团队领导者应该走出对目标的执迷、对获取成就的偏执，应该懂得放下和放手。

　　每个具有自省能力的领导者在不断努力的过程中，他的自我的抓执，无论这个自我是来自自己、还是那个团队的自我，都会慢慢地松弛下来。随着这些自我的消除，人也会变得轻松、洒脱、开朗、明朗。一个轻松愉快的团队氛围是充满了诙谐、欢声笑语的。当大家在一起工作出现压力时，可以讲讲笑话，让每个人松弛下来。

　　一个具有这样领导能力的领导者时常还会开自己的玩笑。敢于拿自己做笑料的领导者，绝对是自我执着很弱的。他乐于奉献、肯于付出，甚至愿意将自己作为笑料贡献出来。

　　中国许多成功的互联网企业，尤其以阿里巴巴为代表，在创业初期都崇尚一种轻松、愉悦的管理文化。硅谷的许多创业型公司也是如此，以创造乐趣为原则。如果团队成员在一起不能创造乐趣，工作没有趣味，倒不如离开的好。这里面鲜为人知的法则就是，轻松愉悦是一种正向的能量，而眉头紧锁、偏执紧张是一种负向的能量。面对积极或消极的情绪，何去何从，每个人有各自的认识和选择。

当我们了解了新的团队合作关系中的这些基本法则，就可以着手进行团队调整。这些方法都很简单，重点在于践行，核心在于我们愿意舍弃原有的心智模式，并采取新的心智模式。按此坚持实践，新的团队氛围就会建立起来，而过去我们看似非常具有挑战性的，甚至不可能完成的战略变革也会变得容易实施和导入，成果也会变得容易获得，甚至可以自然而然产生。

在这一过程中，团队和团队领导者会逐渐习惯放开控制，而让团队的智慧和成果自然产生。这种放开控制并不是获取某种更高成就的手段，它是自然的，是我们对于自我、对于利益、对于成就的放松而自然体现出来的。

在这个意义上所出现的新型组织方式，例如自组织和团队自我管理也会得到顺利开展。许多人将自组织和团队自我管理作为一种更高级的管理手段加以推广，这其实是一种误区。他们在将这些管理方式功能化，却不知原有的心智模式依旧在"作祟"，不过是换了一种新形式而已。

事实上，**自组织和团队自我管理，是更高的心智模式和认知水平自然产生的结果**。如果我们将它作为一种管理手段加以实践，它其实仍处于欲望层面，最高也不过处于团队自我认可的骄傲层面，依旧是负向的心智模式。

在过去几年，互联网思维开始狂飙突进地发展。许多人开始崇尚自组织和团队自我管理，不过都带有一种极其功利的想法，以为是找到了一个"一剑封喉"的妙招，可以快速提升自身、弯道超越。但如果没有提升自己的意识能量层级，这些方式会来也快，去也快，不只不能产生什么好的作用，反倒会带来破坏性的结果。

只有当我们的意识能量层级至少达到了积极正面的层面，这些新兴的组织模式才会有其效果。从终极意义上看，人只有达到"宁静"以上的意识能量层级，真正意义上的自组织和自我管理才能得以完全实现。因为在那个层级以上，人已经消弭了彼此的对立、认知的差别，所有一切是在一种宁静祥和的心智下开展的。

而这时，彼此的宽恕和原谅，以及对一切事物的不偏执，会流淌在每个团队成员的心中。自组织才呈现为一种最恰当、最和谐的运作方式，而之前的所有练习和提升，都是为了达到这种状态。只有我们能够从一个正向的思维开始尝试建立这种不以苛责和严格约束为基础的自组织，这一切才有可能自然发生。人类意识的进化，才能让组织模式进化到一个更高的层面。

赋能

战略变革的各步骤中，从第四步"聚焦创新"，到第五步"激发能力"，再到第六步"持续行动"，都需要不断赋能。赋能不是简单意义上的给团队工具、方法，或者授权团队，让他们去做能够做的事情，而是给予团队正向的能量。所以，这里的"赋能"就是赋能的字面意思。

真正做到赋能，我们需要从三方面着手：让团队担当起责任，学会真正给予能量，以及学会团队反思。

让团队担当起责任

让团队担当起责任，这在赋能过程中是首要的。"意识归零法"想要成功实践，只有一个最根本的办法，就是要"为事情负起全责"。所有他知道的，不管是听到的、看到的、意识中进来的，这些与他生命中所有有关联的都与他有关，他应该为此负起全责。

正是这种理念，使得我们可以倾尽全力地、无休止地去为生命中所有的相关联的人和事承担责任、赋予能量，而这种纯粹的基于"意识归零"的能量，可以彻底消除那些我们无法知道的根源性的能量障碍，而让事情变得平顺。

清代思想家顾炎武有一句名言："天下兴亡，匹夫有责"，也是在表达类似的道理。我们看到国家的兴衰、社会的问题，所有这一切，每个人都应该承担起责任，而不是将这些责任推给国家、推给社会、推给其他人。美国前总统肯尼迪也曾有一句名言："不要问国家能为你做什么，你要问你能为国家做什么。"这句话曾唤起许多美国民众对自我行为的反思。

在今天，个人主义被认为是不可撼动的至上原则，自由主义成为普遍的价值衡量标准的时代，我们却需要重新回到根源上，改变这种基于自我强化的观点，让每个人愿意去为他所面对的世界、生存的环境，以及想改变的事情负起责任，去付出、去贡献，而不是做一个旁观者，或者做一个品头论足者，而应该成为一个积极的参与者和改变者。这种"参与"除了身体力行，还包括心力的给予，这两者在今天是同等重要的。

在企业变革中会碰到无数的问题和挑战，如果每一个人把这些问题视作是自己的问题，而能主动加以解决的话，其结果将会怎样？

作为起始点，我们要从前面所谈到的那种新的方式开始，每碰到一个问题，当大家在一起讨论研究时，应该问我可以为这个问题贡献什么？逐渐地，当更多的人愿意去用一种贡献的态度解决问题，贡献出自己的体力和心力时，这种问法就不用存在了，因为大家已经自发自愿地去主动承担责任、解决问题，而不需要他人的指令。

在这一过程中，每一位贡献者并不是处于无知懵懂的状态，当他们不断地付出、贡献时，知道自己的心理境界在发生着变化：随着狭隘的自我消融，对立情绪逐渐消散，他们会活出一种更加光明开阔的境界，而这种光明开阔的境界，又让他们心甘情愿地做出更多的贡献，去承担更多的责任。

这时，个体也好、组织也好，就会进入一种新的状态，进入一个新的循环，而从过去的以自我为核心的索取、对立和执迷的行为中逐渐解锁出来，而形成另外一种贡献、原谅和放开的新的心智模式和与它相关的行为系统。而成功的关键就在于领导者要敢于践行，愿意放手去进行实践。

真正给予能量

在赋能的过程中，我们需要学会真正给予组织能量、给予个体能量，让团队成员从较低的意识能量层级中跃升出来。这种能量的给予有两种方式，一种是来自行动，也就是用我们的行动垂范，**团队领导者的垂范就是赋能**。领导者如果希望团队成员是贡献者，那么他必须先做到；如果希望团队成员可以彼此原谅、和睦相处，他自身就要在点滴行为中示范；如果希望团队内充满开放的精神，不被过去的成功和失败束缚，他也必须要首先成为这样的人。

当领导者开始这样的实践时，团队成员就会跟上。有的跟得快，有的跟得慢，这都不重要，重要的是在这一过程中，团队会不断地向上发展。而团队在发展中就会产生新的能量，重新回馈到这个团队中，形成一种点滴涌泉，最终浩浩荡荡的庞大势头。

过去，团队领导者往往坐在金字塔顶端，通过发号施令严加控制团队，从而希望团队成员能够紧跟领导者的意愿的做法在当下是根本行不通的。至于靠"胡萝卜加大棒"的方式来领导团队，同样会在负向能量里不断循环，最终会以痛苦和失败告终。

还有一种给予能量的方式，那就是**完全的、发自内心的赋能**。近些年，许多人开始学习禅修和冥想等各种精神疗法，但很少有人问过为什么要做禅修冥想或是当下在企业界非常流行的正念练习。基本上答案无外乎让内心变得更加清明笃定，做事情更加有效率，对自我的认知觉察更加清楚，甚至身体更加健康、血压降低，与家人孩子和睦等等。

这些都是这些禅修、冥想、正念练习带来的好处，但请注意，**所有这些好处依旧是围绕着自我展开的**。有人会说难道这有错吗？这并没有错，但它是另外一种自我的强化，只是换了一种巧妙的方式。在本书的前面我也谈过，自我的强化往往从物质层面开始，当我们在物质层面的自我强化得以满足之后，我们许多人会趋向于精神层面，其实只是对象做了一个替换，本质上并没有区别。而这种自我感觉良好的幻觉，会萦绕在我们内心中久久不去。

的确，这些基于禅修和冥想的练习，会让我们感觉很好，但它仅仅是瞬间的感觉而已。许多人在打坐时情绪平和，但当他重新回到现实世界时，各种情绪依旧无法平复，甚至会更加汹涌，那是因为他在打坐时将各种浮现的念头强行压了下去，而没有加以处理和解决。

修习各种精神疗法的人，还有一种精神特质就是变得越发自我，对自己所认知的而别人无法知道的东西抱持着一种更加强烈的抓执的信念，与社会的主流相隔离，变的离群索居，甚至幻想着建设一个与他人隔离开来的乌托邦。这些都是自我执着的心理投射而已，没有什么奇怪的。

真正的禅修不是这种强化自我，而是彻底的解放自己，让自己从欲求中释放出来，代之以贡献的方式，将自己的生命奉献于世界，其宽大、豁达无以言表，然后就会知道，那种基于自我利益的抓执、追求、欲念，真的没有意义和价值。在奉献和贡献的过程中，我们的人生才变得开阔宽广，与所有一切融为一体，而这一过程释放出来的能量又是无量巨大的。

所以真正的贡献者，他们一方面可以贡献自己的体力和劳动，同时也会贡献出自己的心力。而心力给他人、社会带来的影响是潜在的，但又是持久的。这种心力不仅可以解锁人们许多内心的矛盾，让真正意义上的原谅得以发生，同时还可以让他人备受鼓舞，为他人带来温暖和光明。

更加重要的是，这种开阔宽广的贡献不会让自己停在那里，所以它没有任何抓执，没有任何的执着，它是彻底开放的，就像阳光一样照耀一切，贡献世间、服务他人、没有止境。

如果有机会去参观敦煌壁画，大家会看到许多关于佛陀的本生故事，也就是乔达摩·悉达多成为释迦牟尼之前生生世世作为菩萨的历史。那些故事讲的都是他无休止地贡献于世间，作为人也好，作为非人类也好，一直是如此没有穷尽。而这些来自佛法的核心信念，也逐渐融入进中华文化，并丰富了中国人入世济世的精神特征。

无论是形体上的给予还是能量上的给予，只要我们开始做，它就会进入一个新的循环，这个新的循环会带着自己和他人一起走上一个自我的解锁的过程，而这一过程会赋予团队更多的能量。

在企业变革的过程中，我们如果发现团队有能力不济及能量不逮的情况，只要看一看团队，尤其是团队领导者是否在做贡献，是否愿意原谅，是否能放开、放手就足够了。如果团队或团队领导者在这些方面变回原有的消极状态，我们只需重新提醒他们，鼓励他们转换方向、向前走，这样，这个团队的一切又会进入不断产生正向能量的新循环之中。

学会团队反思

定期的团队回顾和反思是很重要的，它一方面是前期的任务总结，另一方面，对团队来说也是一次重要的赋能过程。

实际上团队回顾这种方式自古以来就有，西方有，东方也有，近代的管理学理论多数认为这种方式是从西方传进来的。但中华文化历史悠久，许多卓越的管理方法在中国早就存在，只是深藏在浩如烟海的历史文献之中。有心者查阅这些资料，可以从中发现许多可资借鉴的方法。

《明太祖实录》记载，在明朝建立之初，开国皇帝朱元璋吸取元朝失败的教训，推行道德教化，在民间恢复了一种被称为乡饮酒礼的古老礼仪。

这一礼仪来自《礼记》中的"乡饮酒义"一篇。文章中对乡饮酒礼的目的是这样说的："贵贱明，隆杀辨，和乐而不流，弟长而无遗，安燕而不乱，此五行者，足以正身安国矣。"

这一在周朝时就开始执行的乡饮酒礼的做法，在明朝因为朱元璋的推广，施行得更加完备，并且被赋予了新的内涵，它实际上就是传统道德教育的民间普及版，并且通过定期回顾的方式使其不断地强化。

它的具体做法是，在每年正月初一，由当地的里长或粮长召集村民聚在一起，按照年长次序排座。最年长者在上为主宾，其余人按年龄大小排列，由大家共同总结这一年每一位村民的表现，例如庄稼是否种好了，是否孝敬父母，是否做了不应该做的事。如果有过错，大家当场就会提出批评，过错轻的，站着喝酒、不许坐下，严重一些的，就站着不许喝酒，如果更严重，可能就要给予更严重的惩罚。

通过乡饮酒礼，朱元璋把道德教化推广到了社会最底层。社会底层的践行，对当时的道德规范起到了极大的推动作用。

这种方式在企业中也可以是一种运行的常态，只是今天我们要把它放到一个价值判断的层面重新考虑，而不只停留在业绩评估的层面。团队成员可以定期聚在一起，可以是季度，也可以是半年度，甚至年度。大家可以用一种轻松的方式，例如在一起进餐，评估一下每个人是否做出了真正的贡献，是否成了一个更好的团队合作者，以及是否从自己过去那种固执的习性中逐渐释放了出来，按照我们所说的新的心智模式的循环进行一些检视，做得好的人就奖励喝酒或者加菜，做得不好的人就放下筷子，多听听大家的建议。通过这样的方式让每个人可以对此有所警醒，但又不至于特别有压力。

如果更进一步，需要将这一方式纳入整个公司的评价环节，应该将它和每个人未来的领导者发展的途径和升迁挂起钩来，因为这些软性的内在发展，如果和关乎每个人收入的绩效评估挂起钩来，显得过于严苛。不妨通过这个方式来考察这些人是否具有未来的真正需要的领导者的基本素质，将它纳入 360 测评或者年度人才评价以及领导者选拔的评估流程中，就会显得更加正式一些。

真正的赋能的工作是伴随那些结构性的工具和方法共同展开的，我们过去认为赋能是教会团队成员使用各种工具、方法和流程的过程，而这些硬性的东西在轻战略的架构和方法设计中已经很完备了。因此，软性的部分需要得到更多的注意。软性部分的实施更多的不是来自方法，而是团队领导者意识能量层级的提高。他们要能够做出表率、担当起责任，愿意为每一件事情负责，并且让这样的信念和行为影响更多的人；他们要能够做一个纯粹的能量给予者，身体力行地贡献自我；他们要能够将定期的团队回顾和聚会软性的部分作为一个需要不断评价和考核的内容，从而让大家形成习惯，让这种基于价值判断的领导者发展模式沉淀下来。

通过这样的方式，团队领导者就可以帮助整个团队去建立一套新型的赋能方式，而不是只是提供团队简单的操作工具和方法。这种方式触及了团队中每个成员的内在，让他们从过去的负向心智之轮的循环中解锁出来，从而获得正向的心智之轮，使自己获益，也使整个团队获益。

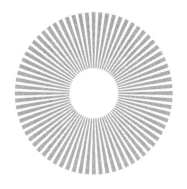

第六章

企业领导者的觉醒

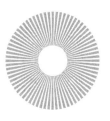

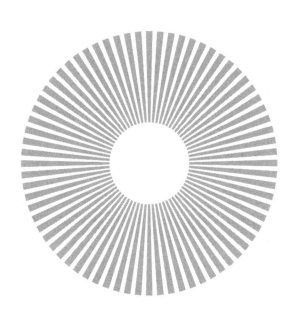

LEADING TO LIGHT

时间之轮已经进行到 21 世纪的第二个十年，人类社会正面临环境恶化、经济保护主义盛行、地缘政治经济冲突加剧等问题，这些问题都促使我们去思索：形成这些问题背后的深层原因是什么？人类社会对此应该做出怎样的改变？企业领导者在其中应该担当起怎样的重任？同时，商业思想家们也在重构自己的理论体系，曾在管理学中被奉为圭臬的各种观点和理论，也需要被重新审视。我们需要在高度发展的科技和企业的经营道德之间寻找新的出路。

新的探索已经开始，各种各样的实践正在逐渐指出一个清晰的方向，那就是从企业领导者出发，去探索一种新的领导方式。

商业圆桌会议的倡议

2019 年 8 月 20 日，美国最大的商业团体之一商业圆桌会议对外宣布，放弃几十年来驱动美式资本主义发展的"股东至上"的信条，转而敦促企业在追求利润的同时，也考虑环境和工人的福祉问题，他们将股东列为五类利益相关者之一，与客户、工人、供应商和社区并列。

商业圆桌会议是一家拥有近 200 名成员的组织，成员为包括摩根大通、亚马逊和通用汽车首席执行官在内的诸多大企业的领导者，组织的企业营收总额高达七万亿美元。

商业圆桌会议的这一声明颠覆了美式资本主义所信奉的基本原则，旋即引起了巨大的社会反响。这一基本原则是经济学家、诺贝尔奖获得者米尔顿·弗里德曼 ① 在 1970 年的一篇文章中提出的，那篇文章的标题非常直白——《企业的社会责任是增加利润》。在这项原则的指导下，从 20 世纪 80~90 年代开始，企业高管的薪酬和企业的股票表现直接挂钩，从而导致管理层薪酬的急速上升。从那时至今的四十年来，企业董事会一直将股东权益最大化作为至高无上的目标，现在，企业乃至经济体已经不再服务于个人，也不再服务于人群，而是开始服务于金融，服务于资本，服务于华尔街。而被这一基本原则指导的西方资本主义的环境中各方力量，包括政府、激励机制、股票期权、企业内的薪酬委员会、独立董事会都朝着同一个方向前进，那就是股东利益最大化。

这一潮流造成了企业高管群体和投资人愈加富有，而美国工人的工资却增长缓慢，社会各阶层的矛盾乃至分裂加剧。那些有着社会责任感的企业家们痛定思痛，开始提出新的主张，希望摆脱当今资本主义面临的困境，构建一个所谓"包容式增长"的新机制。

虽然商业圆桌会议并没有放弃股东机制以及为股东带来长期利润增长

---

① 米尔顿·弗里德曼是美国经济学家，1976 年诺贝尔奖获得者，代表作《资本主义与自由》。——编者注

的主张，但这一包容性的声明仍遭到各方人士的质疑。美国金融界的许多精英对此抱有很大的戒心，乃至敌意。美国前财政部长拉里·萨默斯甚至说："我担心商业圆桌会议这种拥抱利益相关者的措辞，在一定程度上是一项策略，其目的是阻碍必要的税收和监管改革。"

但同时，拥抱这一主张并开始实践的企业家也不在少数。

全球乳业企业达能集团的首席执行官范易谋就是这一主张的拥护者。范易谋提议将达能约一半的产品，拥有十亿美元销售额的酸奶品牌旗下产品转为使用非转基因原料的产品。他认为这是一个重要的转变，这一举措将会改善农业土壤，促进生物多样性。不过，由于美国生产的大多数粮食都是转基因的，这一提议立即遭到了美国农场主和乳业集团的强烈抗议。范易谋的下属最初也对此方案做出了消极的回应，认为这根本无法做到，甚至有人认为只有该集团从俄罗斯进口非转基因饲料，这一目标才有可能实现。

但是，当范易谋要求他的下属开始行动之后，情况发生了变化。他在接受英国《金融时报》采访时介绍，"三周后，我们对时间的估计变成了十年，两个月之后变成了五年，最后变成了两年，在两年内我们做到了"。

尽管价格上涨，但只含非转基因成分的儿童酸奶品牌，在美国的市场份额已经从 30% 升至 40%。

虽然达能集团的经营状况让反对者们暂时"闭上了嘴"，但还是会有许多人质疑商业圆桌会议上达成的共识的正确性，他们认为这样会扼杀企业的竞争力和活力。美国投资界对此的反应尤其剧烈，美国机构投资者理事会对这个声明的态度是，"对所有人负责，意味着不对任何人负责"。

人们站在不同的视角，对这一重大提议的认知也是完全不同的，就如同我们前面提过的，每个人站在自己的视角看到的世界是不同的，这不只与他们的立场有关，也与他们的心智模式密切相关。商业圆桌会议所提出的主张，虽然以保护环境、关怀员工作为核心，但其本意还是希望建立一个具有包容性的资本主义社会。至于如何实现这一主张，美国企业家们迄今尚未提供可行的实践方案，可见实现这一主张的难度。

近半个世纪以来，公司和资本的融合已经成为理所应当的事情。创造更高的股东回报自然获得更高的薪酬，这成为企业界的共识。如果将高薪激励与股东回报的相关性逐步弱化乃至脱钩，那企业还能够吸引到那些真的带来更高的管理效率和技能的管理人才吗？其次，为股东创造价值的理由在于，投资人是公司的所有者，上市公司还要为二级市场的投资人负责，而兼顾员工、供应商乃至社区的利益的理由是什么？投资人还会对兼顾这些利益的企业有兴趣吗？

这里隐含的假设是，当企业不再因为利益驱动而工作时，他们还能带来更好的绩效吗？而且更难回答的问题是，企业到底属于谁？如果投资人不是公司的主人，那员工为什么会是公司的主人，企业的股权结构需要改变吗？

所以，商业圆桌会议提出的主张虽然好，但质疑声、反对声不绝于耳。所有这些质疑声、反对声都源于我们原有的心智模式，源于我们对利益的计较，对各种行为主体之间界限的严格划分乃至对越界的排斥，还有我们对实现商业目标的那种孜孜不倦的追求，以及我们失去目标时那种惶恐和不安，就像达能公司最初所经历的那样。

想改变这一切不只是一个声明所能做到的，更重要的是所有管理层心智模式需要发生变化。但冰山已经开始融化，人们已经开始认识到原有的方式已经难以为继，变化正在发生。而在这个过程里也有一些先行的实践者们提出了更加明确和激进的方式，这就是所谓的组织进化的新观念。

进化型组织

弗雷德里克·莱卢在《重塑组织》一书中，提出了进化型组织的观点。他认为人类的组织从最初狩猎社会一直到如今的商业社会，经历了或者说正在经历六种组织进化的形态。他将这六种形态对应六种不同颜色的模式。

第一种被称为红色组织。红色组织秉承冲动型的世界观，是组织的最原始形态，奉行的是要么你变强变大，让别人臣服于你，要么你接受自己的弱小，向强者表示服从和忠诚的价值观。很显然，这是一种在原始狩猎时代形成的组织形态，它经常被称为像狼群一样，狼成为这种组织形态的一种图腾。即便在现代社会，这样的组织形态也依旧存在，其典型代表就是黑手党和街头帮派。

从无组织到有组织的过程中，人类在红色组织中实现了两种关键性的突破，一种称为劳动分工，另一种则是自上而下的权力结构。这些突破在现在看起来似乎并不怎么富有特色，但从历史的角度来说，这些突破却是重大的创新，它让组织共同应对前所未有的复杂局面。

第二种组织形态称为琥珀色组织。琥珀色组织秉承服从型的世界观。莱卢认为在公元前四千年左右，一个更为复杂的组织在美索不达米亚平原出现，它实现了从狩猎社会到农业社会，然后再到国家和帝国的飞跃。它的组织原则是：遵守规则，你就可以活下来，并成为组织的一分子，而藐视规则，你将被永远地抛弃、逐出。

在琥珀型组织生成和发展的过程中，也有几个关键的突破点。第一个突破点是他们建立了一种可复制的流程，从而让组织效率大大提升；第二个突破点是他们建立了稳定的组织结构，并形成了职位名称、工作说明和汇报线等流程。

第三种组织形态是橙色组织。橙色组织秉承着成就型的世界观，其核心理念就是你可以成为你想要的人。比如今天华尔街上的银行，以及那些公开上市的公司，他们秉承的就是橙色组织的价值观。

关于这种组织最典型的比喻就是机器，它也取得了若干个组织层面的重大突破。第一个突破就是创新，建立了诸如研发、市场和产品管理等部门，并成立了项目团队和跨职能机制；第二个突破被称为当责，其结果就是目标管理理论的提出，管理人员依照对目标的管理确定组织发展的总体方向，并可以向下级分配目标，然后下级自然可以寻找实现这些目标的最佳方式。战略规划、年度预算、关键绩效指标、平衡计分卡等概念都是在这一框架下出现的；第三个突破被称为精英制，也就是公司由精英管理，因此人才管理导师、人才管理教练、领导力培训和接班人计划都是橙色组织在精英制之下的典型发明。

橙色组织的世界观是当今世界主流的企业形态，但其后也出现了另外一种新的组织形态，被称为绿色组织。绿色组织秉承多元意识型的世界观，这种组织形态往往像家庭一样。

绿色组织也带来了几种突破。第一个就是赋能式的授权，也就是将层级弱化，更多地向员工授权，将决策权下放，甚至将权力的金字塔倒放，一线员工处于顶端，而高层管理人员和 CEO 则处于底端，这些人充当员工服务的仆人式领导；第二个突破是绿色组织建立了以价值观驱动员工的文化，由价值观统一思想，从而使文化在组织中的作用越来越强大；第三个突破被称为顾及与平衡多方相关者的利益。在这次商业圆桌会议发布的声明中，就有许多绿色组织的痕迹。声明中不再以股东利益这种典型橙色组织的价值观为核心，而把平衡多方利益相关者的利益作为一个关键的发展方向。

莱卢认为，未来世界将出现一种新的进化型的组织形态，叫作青色组织。青色组织秉承进化型的世界观，这种组织形态并没有确立一种固定不变的观念和立场，而是认为世界中个人和集体可以共存，进而呈现一种持续进化的可能性。这时个体需要获得更大的释放，因而内心的声音成为他们做决定的罗盘，并且他们希望在组织中重新整合身心，不再持续以前那种身心割裂的感觉。并且希望人们摒弃在组织中厌恶工作，而又不得不工作的那种被奴役的感觉。他们希望最终将企业组织重塑为一个活性的仿生系统，为此他们实现了三种关键性的组织突破。

第一种突破体现为自主管理，青色组织似乎已经找到了他们的结构，从传统的科层式和官僚式的金字塔式管理，升级为强大而流动的分布式权利以及集体智慧系统支持下的结构；第二种突破是他们主张身心整合，不再带着一种传统的专业面孔出现在人面前，而是希望自己能够实现身心的完整性，带着自己的身心去工作；第三种突破是他们秉承着持续进化的使命。青色组织认为自己具有生命力，且具有自己的方向感，组织成员被邀请去聆听组织的理念，并理解组织想成为什么样子，服务于什么样的宗旨，而不再企图预测和控制未来。

　　进化型组织的观念似乎在全球范围内也获得了许多企业的实践支持，一些实践案例已经出现在莱卢的书中。在进化型组织中，组织形态的进化和组织内员工的心智模式变化，与整个时代赋予员工更多自主性管理的诉求密切相关，也与企业领导者自身意识的进化程度有关。许多企业领导者已经表现出非常明显的放手型管理特征，让员工自定义薪酬，让员工自主形成组织去服务客户，甚至有的企业已经不愿将绩效目标作为公司考核的标准，而是鼓励员工最大限度地释放潜能与创造力，员工往往会通过这种方式得到更好的绩效。

　　但从实践上来看，进化型组织更多的是一种面向未来的倡议，当前世界的主流组织类型依旧是橙色组织和琥珀型组织。如何让这些组织进化成为青色组织呢？企业领导者在其中应该扮演什么样的引领角色呢？如果领导者的价值观不能彻底得到改变，完成这一切显然是非常困难的事。而这个意识进化无疑需要领导者从过去以自我欲求强化为主轴的模式转化成自我的释放、自我的减弱的模式，从而奉献于社会、奉献于世界，并在这个过程中以不断提升自己和进化自己作为新的管理实践的核心。

　　同时我们也注意到，即便是进化型组织，他们所秉承的各种组织化的管理理念也并没有深刻地反省和追溯组织的自我。如果一个组织不能完全地打破自我认知，那么它就很难做到彻底地贡献于社区和贡献于社会，而对于这种内在的隔离感，在当前的进化型组织的发展过程中也没有给予特别的关注，并且给出有效的解答。

　　这两个问题虽然简单，但却是要害问题，它们甚至可能成为进化型组织发展过程中的关键掣肘，并且这也是琥珀型组织，乃至橙色组织向前进化的有关领导力方向的关键瓶颈。而这一切又都要回到我们关于领导者的心智模式进化的关键议题上。

在企业领导者的心智之轮中，所谓的"放开"，今天正在被许多领导者所接受，甚至愿意部分采纳。但让他们真正认识到作为人，乃至作为组织，根本上的目的是贡献和奉献于世界，并且愿意更根本地、根源性地去原谅和宽恕组织内外的各种给自己的发展带来阻碍的人和群体，并且在此基础上形成人与人之间的信任和包容，这些其实是相当难以做到的。

其困难其实来源于对人类整个世界观的重塑和对价值观的重新定位，如果无法做到这两者，组织的进化依旧是在围绕着强化自我的观点来完成。甚至更危险的是，组织可能认为自己在一个正确的道路上前进，进而认为自己是一种具有道德优越感的群体。有时这种想法反倒会脱离实际，成为自我营造的一种新的幻象。

德鲁克们未竟的任务

想要解决企业管理的问题需要理论的支撑，理论的背后往往站着一群让人无限敬仰的大师们，德鲁克就是这样一位大师中的大师。德鲁克被誉为现代管理学之父，中国管理学界将其奉为"神明"，认为其是管理学中再也无法超越的顶峰。许多人在自己的管理学著作中经常提到：自己偶尔对某一现象有一看似具有新意的想法，翻开德鲁克的著作查阅，原来这一想法早已被德鲁克详细或简略论述过。这正是大师的魅力所在，其洞察力往往可穿越时空，为当今的实践提供部分指导。不过时过境迁，随着人类科学的进步，社会环境的变化，新的时代又会产生新的问题，我们需要站在德鲁克的肩膀上"更高"地审视当下的世界。

我们面临着许多德鲁克还没有完成的任务。

事业理论

德鲁克在他最为著名的几本著作中，对于什么是企业的事业、如何做一个卓越的领导者等问题都有鞭辟入里而又细致入微的讲述。其中他在《管理的实践》一书所提出的事业理论，就是从一个关键的问题开始的：什么是我们的事业，或者什么应该是我们的事业？

德鲁克认为，事业不是一项产品或者服务，而应该是创造客户。这一深刻的洞见重新定义了人们对企业本质的认识。就此，德鲁克展开了关于营销理论的论述：如何满足客户的需要或潜在需要，而不只是兜售自己现成的产品，并将营销和销售活动区分开来。这简直就是菲利普·科特勒所总结的营销理论的最直接的引导者，也是里斯和特劳特定位理论的部分思想来源。进而，德鲁克强调企业经营的本质是创造客户，而创造客户需要做最根本的两件事情——营销和创新。

但是当时代演进到今天，如果企业只从创造客户的角度看待自身事业的时候，是否也会面临着无法逾越的困扰呢？

以游戏产业为例，随着计算机芯片处理能力的飞速提升，尤其是图形处理器性能的极大提高，各种复杂的交互式游戏开始出现在市场上。这些游戏满足的是人性中与生俱来的好奇心和娱乐欲望，但同时也会激发人的贪婪、争胜欲乃至攻击欲。

各种互联网游戏以其宏大的叙事、复杂的情节和群体的交互性共同营造一种强烈的角色代入感，青少年往往会沉迷其中。几乎所有人，包括家长、教师、负责任的企业家，都开始意识到，互联网游戏过分挖掘人性中的欲望，强化人的争斗、攻击性等方面，这极大地损害青少年的身心健康。

网络游戏公司和电子游戏公司赚得盆满钵满的关键，在于他们抓住了人性的欲望和人性中的弱点。如果我们仅是从满足客户需求的事业理论角度出发来看待企业存在的意义，我们将对之所产生的巨大负面社会成果懊悔不已。虽然有人将事业理论和企业的价值观结合起来，要做那些所谓好的游戏业务，或者提供在线的参与时间监督等措施来弥补负面影响，但这些弥补措施是远远不够的。

在德鲁克生活的时代，技术还没有发展到今天如此发达乃至超出人类想象的程度，人性中那些灰暗的东西还没有被完全释放出来，每个赞赏大师理论的人都应该问问自己，如果此时德鲁克还在世，他对现在的企业会怎么说？

关于领导者的角色，德鲁克也有过许多精辟的论述。在《卓有成效的管理者》一书中，德鲁克提出了想成为一个卓有成效的领导者的七个方面要求。我们今天已经完全感受到，作为一个卓有成效的管理者是多么重要，做到这些，意味着对客户、对组织都将会带来不可估量的价值。

但今天，我们对企业领导者的看法是否应该超越成效本身？我们是否应该更多地从内在价值，乃至伦理等角度去做一些评价？虽然德鲁克在他所处的时代背景下是不提倡这样做的，他认为企业就应该关注自身的经营成果，而经营成果在外部就体现为创造客户、创造利润。这些观点与新自由主义的经济观点基本一致，米尔顿·克鲁格曼的经济学观点在这方面与德鲁克如出一辙。但时代变化迅速，我们需要以新的眼光审视这些曾经被视为圭臬的观点和看法。

贡献理论

即便如此，在德鲁克"卓有成效的管理者"的框架中，他所提出的贡献理论在今天依旧散发着耀眼的光芒。他认为，每个管理者或领导者，都应该经常询问自己可以为这个组织贡献什么，而不是将目光投向自己所拥有的权力和头衔，这些东西本身并不能为组织带来真正的益处。

在贡献理论中，德鲁克既关注了领导者对客户的贡献，也关注了其对组织的绩效贡献，当然，德鲁克最终还是将贡献的衡量落在了成果层面，也就是如何帮助组织实现目标。不过在今天，我们完全应该将德鲁克的贡献理论和事业理论结合到一起，让这两种带着光辉的思想闪耀出更大的光芒。

我们应该更多地问自己：

✓ 我们的事业是什么？
✓ 我们的事业可以为世界贡献什么？

作为管理者或领导者，我们应该问自己：我可以为组织贡献什么？为了做到这一点，我首先应该为世界贡献什么？

这让我们的焦点更多地集中在经济学中所说的行为的外部性。在德鲁克的时代，技术的发展还没有今天这么复杂，所产生的污染、社会问题，以及资本主义的退化也还没有到达今天的程度。我们可以问自己的是，如果德鲁克活在今天，他会怎样修订自己的事业理论和贡献理论？

基于目标的管理

除了贡献理论与事业理论这两个方面的论述，德鲁克对现代管理学的另一突出的贡献就在于其基于目标的管理理论。这基本上可以被认为是德鲁克奠定现代管理学的基石理论。

在德鲁克的事业理论中，他有两个提问，也就是"我们的事业是什么"，以及"我们的事业应该是什么"，问题的答案需要用一系列的管理目标加以描述。德鲁克将其分为营销目标、创新目标、生产力目标、社会目标等，这简直就是平衡计分卡体系的最初思想来源。

德鲁克对于目标的看法，与今天许多人奉行目标管理的视角完全不同。他认为，目标不是一成不变的结果，而是方向。不是命令，而是承诺。目标不能决定未来，而是为了创造企业的明天调集资源、付出努力的一种手段。显然，今天绝大多数企业对目标的认识已经偏离了德鲁克的初衷。

有一家大型企业，其目标管理非常刚性。在每一年年初制定目标之后，目标整年都不会变化，这在一个相对稳定的市场环境中是没有问题的。但当企业遭遇剧烈的市场动荡或技术突飞猛进式的革新时，每一年年初制定的刚性目标就会受到员工们的普遍质疑。但企业领导者为了保持目标的权威性和自身管理的刚性，从来不愿调整目标，如此每年年底的绩效评价就成了一件非常具有挑战性的事情，绩效考核反倒变得富有人为的色彩。

这家企业的领导者这样形容他们的目标："我们的目标在年初时是刻在石头上的，是不可能改变的。"有一次，我把这件事在另外一家大型企业的研讨会上分享给高管听时，台下的人哄堂大笑，我问他们为什么笑。他们说，我们有另外一句话比这句话还要强硬，那就是"每年年初目标是浇铸在钢板上的"。于是，我反问这些发出无奈笑声的高管，你们认为这样的做法反映了什么问题。全场顿时安静了下来。

事实上，当我们仔细观察时就会发现，这种对于目标的执着，要么反映的是企业中一种简单粗放的推卸责任的管理方式，要么反映的是企业领导者对于可能失去控制权的内在恐惧。这种行为体现出企业领导者有一种深深的管理无力感，他们希望通过一种硬性的方式，让所有人帮助领导者去分担这种焦虑、无力和恐惧。而在焦虑、无力和恐惧背后，恰恰是企业领导者对"一定要取得成功"这种的信念的偏执。

在这种企业里，创新经常被遏制，人员的激情也被抹杀和摧毁。许多有才华的员工无法施展自身才华，他们感到垂头丧气，一旦有了机会，就会离开企业。毕竟谁愿意在这种刚性的牢笼中消耗自己的生命呢？

组织变革的新探索

在组织变革领域，理论探索和实践探索一直没有停歇。

因为人们认识到组织不再是物理式的元件组合，而是一个整体的系统，所以从 20 世纪 70 年代开始，麻省理工学院的学者就开始做相关的研究。因为受到量子力学理念的冲击，所以基于团队的对话方式也在那个时代应运而生，而这一理论的集大成者就是《第五项修炼》的作者彼得·圣吉。不过，彼得·圣吉也意识到，基于空气动力学的系统理论，在机械的时代已经发展到了尽头。随后出现的高等物理学理论、生物生态理论，都对他的这些基本的理论假设提出了强有力的挑战。

与他同时研究组织变革的是德国学者奥托·夏莫博士。记得 2010 年我在北京参加彼得·圣吉的研讨会时，问彼得·圣吉是否还在推广他的组织学习的理念和方法。他摇了摇头，告诉我，他的下一个研究重点是奥托·夏莫博士正在推广的 U 型理论。

U 型理论在过去的三四年里，获得了许多人的推崇。其中，"U"的左半部的放下、右半部的拿起，以及放下之后让源头自然生发、自然流现，非常符合中国传统文化中那种静修的体验和境界。同时 U 型理论也将传统的团队对话方式和最新的心理学理论之中应用的模块加以整合。例如引入了社会大剧院的方式，让团队用身体而非思维去感知当前场域的能量流动，并且展现给所有参与变革的实践者们，从而触发新愿景的生成。

这一重视体验和直觉的方法，其实是对传统的基于理性思维所产生的变革理论的挑战。奥托·夏莫博士在《U 型变革：从自我到生态的系统革命》一书中，也对此进行了详细的说明，他希望激发变革的参与者和管理团队的感性思维，用感知的方式平衡我们对世界的认知缺陷。

我也曾是 U 型理论的热心学习者，但我发现有一个依旧没有被解决的关键问题，那就是无论是思维层面还是团队自我生发的感知层面，都依旧依赖于参与者的过往经验和心智模式。U 型理论的流程虽然对参与者的固化认知有所挑战，但是在心智模式的最深层，也就是我们所谈到的心智模式的三个基本方向上，U 型理论依然无法产生真正的变革性的变化。

在 U 型理论的工作坊上，我们虽然能够看到它对各种组织变革乃至创新工具的整合，但是这一切依旧无法挑战参与者个体以及参与者所在的组织那根深蒂固的对自我的维护和强化。由此产生的行为和思考模式也难以改变，因为那些依旧是运作在被我们称作传统的心智模式层面之上的。

一个组织如果不能从根源上看到自身的欲念及其带来的各种过患，或者对于为了维护自身的概念而进行的各种对立和排斥不能深刻清理，或者对于维护自身的执念不能真正跳脱和放开的话，真实的改变也不会发生，可能只是换了一种新的工作过程而已。

我和夏莫博士对此有过若干次讨论，我也理解他作为一名西方学者给 U 型理论设定的价值前提，那就是对人性的中性化，尽量避免道德等因素的参与。实际上，这是今天的西方管理理论所面临的困境，也正是管理理论需要东方智慧滋养之处。

今天，这一切的变化都正在发生。企业的领导者和学术研究者们已经开始了新的探索。希望关于光明领导者的探索，也能为这股探索之流提供些许贡献。

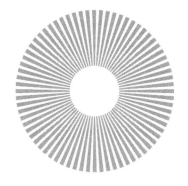

第七章

光明领导者

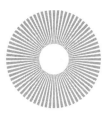

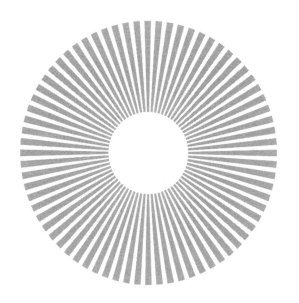

LEADING TO LIGHT

人类与生俱来寻求光明，趋向于光明。

光明与黑暗相对，它在"修身"这一角度是指觉悟和智慧，是一种高层次意识境界的体现。在中国文化中，《大学》中就有"大学之道，在明明德"，这个"明"和光明有关联，否则如何称为明德呢？庄子也说"我为汝遂于大明之上"，"大明"是先哲们所向往的自由自在的精神境界。

东西方文明的发展历程不同，但人类的内在精神是一致的，如列子所说，"此心同，此理同"。我们不仅需要探究历史和文明的发展脉络，也要明白这共同之理。然后，我们就会对领导者们可以共同走向光明境界产生坚定的信心。

个人与社会

许多人认为东西方文明的不同之处主要在于两者对个体和集体之间关系的看法不同。西方人认为个人至上，个人主义是社会伦理及价值观的基础，而东方人则以家庭为基础和纽带，奉行在此基础上的集体主义，遵从统一领导的社会治理方式。

儒家传统发源于中国，并在整个东亚地区产生了持久深远的影响。时至今日，其治理方式和道德规范依旧深刻地影响着诸多东亚国家和华人群体。但从根源上讲，作为有着共同生物学特征的人类，东西方早期的社会形态就是如此不同吗？还是后来由于什么缘故才逐渐形成了不同定式呢？

东方和西方模式的历史选择

因为考古学的发展，我们开始对基于事实的文物考古进行了大量的研究，但基于此所获得的数千年的文物资料，并不足以支撑我们对这方面展开严密的推理。中国有着世界上独一无二的、最为丰富的历史典籍，其记载的内容要比西方文献丰富得多。在此基础上，中西方的学者不仅在严格的考古考据的基础上，也从文化发展的层面上展开了更多的"想象"。也许有人会说，历史需要真实的记录，怎么可以想象呢？这是因为上古历史留给后人的线索太过稀少，如果不借助于想象力，就无法将那些蛛丝马迹串联起来形成大致的历史轮廓。爱因斯坦曾把自然科学的研究比作侦探工作，其实历史研究也是如此。

库朗热曾著有《古代城邦》一书，书中他研究了东西方的大量史学文献，结合各种资料后提出了一个有趣的假设：东方和西方的家庭最初都是最自然的制度，当家庭建立之后，随着子嗣繁衍才产生新的秩序或制度。如现代自由主义经济学学者哈耶克，他在谈到自发的秩序时，往往首先谈到的是市场，其实家庭比市场更自然。家庭是现代学者可以想象到的最早的制度。

家庭在建立之后，不仅在时间上代代相继，而且在观念上，东西方都认为死去的列祖列宗会以神灵护佑的方式保护家庭。祭祀逝去的祖先，希望他们可以保护现在的活人就成了家庭中最重要的精神活动。这在东西方的文献中都大量出现。

并且，人们都认为如果不是自家的祖先，那就不应该去祭拜，祭祀成为维系家族血缘关系的关键活动。孔子认为，"非其鬼而祭之，谄也①"；在古希腊的家庭祭祀中，外人"绝对不得与祭"；在古印度，即使是"挚友也不得与祭"。这些都反映出，在古代，人类将祭祀活动作为维系家族传承、形成家庭观念的重要方式。

祭祀的权力并不是所有家族成员平等获得的，在东方和西方都将男子，尤其是长男作为家庭祭祀的首要主持人。家庭如果不能生出男性继承人，就面临着无人祭祀的境地，也就是家庭生命的终止。

在古罗马，男子被称为祖先圣火的守护者，而祭祀的场所也是家庭的共有财产，这里说的就是土地，尤其是家庭的公用墓地，这里供奉的是家庭的神，所以土地是家神所在地。土地对于家庭的意义不仅仅是长出庄稼，同时还是家庭赖以存在的精神资源。这也是中国古人所谓的"安土重迁"的原因。

当家族开始持续繁衍时，人们围绕着共同祭祀的土地就会形成部落，这在古希腊就形成较大的城邦，而在中国就成为国。《古代城邦》一书中就谈到，与家庭相似，国有着自己的神、自己的祭祀、自己的祭司、自己的司法系统和管理部门，这是一个参照家庭样式建立起来的小社会。随着城邦的扩大或者国的范围的扩大，其社会政治结构也在不断地扩大，而凝聚

---

① 非其鬼而祭之，谄也：不是你应当祭拜的鬼你祭他，这是你心存谄媚。

城邦或国的关键活动就是祭祀。《左传》中有"国之大事，在祀与戎"的说法，此时的主祭祀人及组织者也就成了政治领袖。古罗马的君主也是如此，在祭祀中充当祭司的角色。

但随着城邦和国规模的扩大，总有一天这些因为共同的祖先而凝聚在一起的血缘关系会逐渐淡化，中国人将此称为"五服之外即路人"，也就是说，传承五代之后的血缘关系会变得非常淡薄，血亲之间近乎路人。而此时，由传统的宗族关系所凝聚的共同对外行动方式的效果就会被大大弱化。

不仅如此，家庭秩序遭到的冲击还涉及共有财产的问题。因为祭祀权的传承财产通常会留给主祭权利者，而没有主祭权的非长子在中国就逐渐沦为非诸侯的卿或者士，脱离权力中心及至逐渐成为平民阶层，而在古希腊这就是公民和非公民的分野。更重要的是这种分野既不是由不同种族间通过战争形成的，也不是由生产关系决定的，而是由出生的顺序决定的。

阶级肇始于家庭，之后存在于城邦之中，久而久之，长子集团成为公民，而次子集团沦为非公民。中国东周时期的情况也很类似，家庭中的长子被称为大宗，而非长子们则是小宗，最后演化为国人和庶人的区分。

库朗热在书中指出，这种制度延续若干代之后，就会造成一种"致死的疾病"，那就是巨大的不平等。这种不平等会导致无数次的战争。此时，西方和中国面临的问题是一样的。

在家庭中，人对财产的占有欲不断扩大，国人和庶民（西方对应为公民与非公民）之间的冲突日益激烈。这些深刻的矛盾在历史中发展到空前的高潮时，人类就进入了第一次文明轴心时期，东西方的哲人几乎同时出现。

哲人们所采用的方式是迥异的，但其路径和轨迹却高度相似。其中一个路径就是，东西方哲人都提出了新的制度方法防止社会毁于这场危机。

这种制度方法的具体差异逐渐造成了东方和西方社会的分野。

最终，人类还是选择了以妥协和制度创新作为主要的解决方案，在《古代城邦》一书中，作者介绍了余子[①]集团和无人之家最终削弱了长子集团的氏族权利，让他们只保留主祭权，却让土地走向市场，使之可以自由买卖，并且以法律的形式确保外邦人或者无家的人获得公民权。让那些没有独立身份的家庭中的人变成独立的个人。这一变化可谓天翻地覆，正如库朗热所说，我们无法想象出另一种组织形式，它能比拥有神、祭礼、教士、长官的古代家庭更稳固。同样我们也想象不出存在着这样的一种团体，它能够比拥有宗教、保护神、独立祭礼的城邦更有力量。

在古希腊和罗马，那个比家庭和城邦更有力量的制度就是民主，既然家庭秩序终究要解体，那就让它彻底解体，变成一个个的个人。家庭内长子的特权开始受到削弱，他们不再独享主祭的权利，长子也不能独自继承家庭的财产。《十二铜表法》中正式规定，家庭遗产可由兄弟分享，合乎逻辑的家庭财产不再是不可分割的，而是可以分解到个人，于是人们有了立遗嘱的权利。

当家庭主义的社会逐渐走向个人主义的社会时，原来维系社会的组织资源逐渐丧失，人们必须寻找取而代之的社会资源，而这种资源在原来的社会中已经存在，这就是契约资源，即人们会遵守他们同意的承诺或规则。这种契约关系原来存在于家庭之间，现在变成了个人之间合作的纽带，原来这种关系存在于市场两人的交易之中，而人们将它引申到了公共领域。

在中国，当人们哀叹温情脉脉的血缘关系逐渐衰微时，儒士们却竭

---

① 在周代文献中，嫡长子之外被称为"余子"。——编者注

力挖掘出这种关系中更具一般性的道德性质。孔子从"孝"中提炼出了"仁"，从"礼"中提炼出了"义"，并把"仁义"作为一个文化精英应该具备的道德品质。余子集团的人通过自我修身和外界教育成为具有仁义之心的君子，而春秋战国时期由于各国间的竞争需要人才，使得国君们竞相聘请他们，游走于各个国之间的君子。再后来，儒家思想被汉朝的董仲舒列为国家级的治理思想，并且通过"举孝廉"的制度，君子们或者可以进入公共政治领域，或者留在乡间，使得原来的"野人们"也能受到教育。到了隋朝，科举制度又成为他们进入公共政治领域的通道。对于这一系列的变化，中国人解决家庭秩序崩溃的方式不是彻底抛弃家庭，而是通过适当地对家庭进行调整解决问题，在国家制度方面，中国人用郡县制替代了分封制，但没有放弃家庭制。郡县制意味着在一个社会公共领域中只保留一个古典家庭，即仍然保留着长子继承主祭权和财产权的制度。但这两者都被运用到了极致。主祭权是君权神授的政治权利，财产则是江山。一旦如此，别的家庭就不能再有同类的权利，因而其他所有的政治精英都只能作为这个唯一政治家庭的受托管理人。

应该说，历史上，东西方世界在制度上曾同步发展，到了公元前三百至四百年，都面临着巨大的社会结构危机，产生了伟大的思想家，他们提出了不同的解决方案，而这一方案深远地影响到了未来。

简而言之，西方世界解决危机的方法是彻底否定家庭，用较严格的外在制度约束他们并不信任的陌生人。而中国的解决方法则是在公共领域保留家庭，在自持领域和私人领域里继续借助于家庭资源，另一方面则加强道德教化，以弥补血缘关系淡化带来的社会缝隙，而坚守和传承道德价值的群体就是士大夫阶层。

在今天，西方以个人主义、市场经济和契约精神为代表的社会制度，正在和东方以家庭、天道观和长幼秩序为核心的社会制度产生新的碰撞和磨合。如果追溯其发展的早期脉络，分野都从家庭的出现开始，而家庭的出现恰恰是个人私利、内在冲突的表现。这一问题已经超出了传统历史学的研究范畴，但在中国的历史文化中，这又是一个无比重要的课题。因为中国人奉行"天下为公"的思想。关于"公"与"私"之间的平衡问题牵扯到中华文化的精神内核，这一精神内核是中华文明区别于其他文明的关键所在，它在过去有持久的理想主义价值和生命力，在未来也可能会彰显出独特的思想价值和社会价值。

中华文化的精神内核

我曾向不少朋友们询问：中华文化的精神内核到底是什么？如果用最精炼的语言来概括会是什么？许多人都不能给出明确答案。

我个人的看法是，中华文化与其他文明的精神内核之间的不同之处可用"天下为公"四字概述。有人说这只是理想，是空想，但我不这样认为。在上古的典籍和传说中，这种理想国是存在的。《礼记·礼运》中说道：

> 大道之行，天下为公，选贤与能，讲信修睦，故人不独亲其亲，不独子其子，使老有所终，壮有所用，幼有所长，鳏、寡、孤、独、废、疾者皆有所养。男有分，女有归，货恶其弃于地也，不必藏于己，力恶其不出于身也，不必为己，是故谋闭而不兴，盗窃乱贼而不作，故外户而不闭，是谓大同。

在上文对大同社会的描述中，可以看到在这样的社会中，人人讲求诚信，不只是奉养自己的父母，也不只是抚育自己的子女，而要致力于让天下的老年人能终其天年，中年人能为社会效力，幼童能顺利成长，一切弱势群体都能得到供给与照顾。这种描述与当代福利社会有相似之处，但两者在哲学上所代表的意义却根本不同。

中华文化认为，个人的才能是天下共有的，而天下是每个人都应该为之付出的。故而这种大同社会的形成与"天下为公"的理念密不可分，而西方现代福利社会却是以"天下为私"作为价值基础。中华文化这种每个人无差别的奉献精神、人与人之间的和谐共处的模式，与我们所谈到的领导者心智之轮中的贡献和奉献心智是一致的，其根源在于"公天下"的付出情怀。

《礼记·礼运》中也谈到了大道隐没之后的小康社会：

> 今大道既隐，天下为家。各亲其亲，各子其子，货力为己；大人世及以为礼，城郭沟池以为固，礼仪以为纪；以正君臣，以笃父子，以睦兄弟，以和夫妇，以设制度，以立田里，以贤勇知，以功为己。故谋用是作，而兵由起。禹、汤、文、武、成王、周公，由此选也。此六君子者，未有不谨于礼者也。以著其义，以考其信，著有过，刑仁讲让，示民有常。如有不由此者，在执者去，众以为殃，是谓小康。

《礼记》中记载的小康社会的特征就是"天下为家"，每个人围绕着自己的家庭，各亲其亲、各子其子，所获得的财务也是为了自己。而大人，也就是前文我们所谈到的主祭祀者们，建立礼制，构建城邦国家，并且制定规范，称为纪，从而约束国家执政者和臣民的关系，并且以此让父子能够父慈子孝，让兄弟之间利益均衡，可以和睦相处，等等。同时利用谋略来处理人与人、国与国之间的关系，而兵由此起，最终"刑仁讲让"，也就是用法治和伦理来调解社会矛盾。"示民有常"，也就是让百姓们知道有规矩可循。"如有不由此者，在执者去，众以为殃"，如果有不遵循的人就施以惩罚，大家会知道这是不正确的。

在这种制度约束管控的社会之中，能达到如此的程度也就称其为小康社会了。由此可以看到，随着人们私利的扩张，不再以"公天下"为本，人们就会进入以个人和家庭为本的家族社会，这也就是《古代城邦》所述及的以家庭为核心的上古社会演化的起点。

虽然中国文化典籍所描绘的大同社会，在考古上无迹可寻，但文献上有些许这样的记载，同时这也让我们展开对历史和文化的畅想，就如同《礼记·礼运》篇开始所写到的：

> 大道之行也，与三代之英，丘未之逮也，而有志焉。

孔子也同时在想象，在三代，也就是尧舜禹三代，以及之前世界上践行大道所出现的大同社会的盛景。他虽然无法遭逢那样的盛世，但他有志向恢复那样的时代。

可惜的是在孔子生活的时代，人类的整个精神世界已经发生了巨大的变化，大约与他同时出现的圣哲，如老子、释迦牟尼、苏格拉底和柏拉图，他们都曾提出精神发展的方向和治国教民的新方法。如果想让世界真正地回到他们所设想的大同世界，其根源还在于我们谈到的几个关键点：

- ✓ 人类如何能够重新构建以贡献为基础理念的工作观和世界观？
- ✓ 人类能否彼此谦让礼让、彼此原谅宽恕，能够时常悔过自己的错失，从而与自己和解，与他人和解，与世界和解，与万事万物和解，共同构建一个和睦、和谐的精神和物质世界？

✓ 同时，人类能否因时而化，不拘于前人的典章制度，在新的时代构
建出新鲜的模式和体制？

这就是我们所主张的领导者心智之轮的根本，要想真正地实现理想的
社会形态，这些基本领导者的领导方式自然是不可或缺的。

除了"公天下"的精神内核，中华文化还有一个特色，在于对于这些
精神价值的传承，并且愿意在这一过程中不断探索，除了解除自己的迷惑，
也解除他人的迷惑，恰如韩愈所说的"师者，所以传道授业解惑也"。

在这一过程中，历代的先哲们与先贤们，不断地秉承着这样的行为方
式，以"为天地立心，为生民立命，为往圣继绝学，为万世开太平"的精
神，传承这些理念，而他们所彰显的人格精神，恰是中华文化中所追寻的
济世立民的领导者的风采。

光明领导者

几年前在一次演讲中，我第一次提出了光明领导者的概念。当时，台
下有观众笑着问："难道有黑暗领导者吗？""当然是有的！"我肯定地
回答。

光明领导者就是与黑暗领导者相对应的概念，但不是对立。在本书前
面谈及的所有内容中，原有的心智之轮往往会使人的内心越来越黑暗，能
量也越来越低沉，使人处于一种压抑、争斗、贪婪而无法解锁的状态。反
之，如果我们拥有一种新的心智模式，就会内心放松，愿意更多地给予，

并选择宽恕和原谅。无论个人，还是企业领导者，一旦拥有这种心智模式，他们就会趋向于更加开放、开朗的人生境界，并且可以将这些正向的能量给予他所服务和带领的企业和团队。

我们将拥有这种新的心智模式的领导者，称为光明领导者。

王阳明之问

中国历史上有许多被后人传诵的圣贤式的人物，明代的王阳明正是其中之一。他因为开创了以"致良知"和"知行合一"为核心的心学体系而受到近代中国人和日本人的追崇。近些年，他的思想又在中国企业界得到了高度的认同和追捧。

王阳明的一生充满传奇，起伏跌宕，他奉行儒学思想，在立功、立德、立言方面，可以说是儒家三不朽的典范。在其年老临终之时，弟子问他有什么遗言留给后世，据说，他只说了八个字："此心光明，亦复何言。"也有人认为，他说的这八个字是"此心光光，亦复何言"，我更认同后者的传述。

此心光光

以王阳明的境界，如果是"此心光明"，依旧落在光明的境界中，这并不足为奇。但如果说"此心光光"，的确堪称后世的典范，更与他一生的颠沛流离和因此悟道成圣的经历相契合。

王阳明因为反对宦官刘瑾而遭毒刑，并被贬斥到贵州龙场做低级的行政官员。以前的贵州属于明朝的边疆地区，自然条件非常艰苦。王阳明在那里过着极为困顿的生活，可以说物质生活已经贫困至极，但他不改探索真理的志向，甚至在龙场为自己凿了一具石棺，假想他如果就此死去，他的思想境界和圣贤之心有何区别。

据传他在困顿若死的状态下，在龙场的石窟中久坐而悟道。有人说他悟到了"致良知"的真谛，有人说他悟到了"此心本具光明"，我认为这两种说法都不恰当。王阳明如果是找到了某种真理、某个圆明的心性，那都还算是等而下之的。

要知道，他所处的环境在当时可以说是生命犹若悬丝，距死仅一步之遥，一切外在的物质乃至生命条件都已丧失殆尽。在这种极端艰难困苦的情况下，他所悟的不是任何所得，而是一切无所得，一切干干净净，了无所得。而正是从这干干净净、了无所得中，他才生发出勃然的光明和智慧。

后人总是试图到龙场或者类似的圣地去探寻，甚至想获得某种神奇的力量，其实也是了无所得的。因为仅从这样的心愿来看，就与王阳明所悟天差地别。只有如他一般，如一个活死人，一切都已经无有挂碍，也无所得之心时，才能够彻底舍弃一切而洞达一切，这就是他临终所说的"此心光光"的内涵。

而所谓的光明，那只是"此心光光"之后的用处而已，而"此心光光"又有几人可以做到？今天的企业界人士都在学习王阳明"致良知"的智慧，有几个人经历过"此心光光"的境况？其实如王阳明一般的卓越人物，大体都经过如此的人生境遇。上推历史，也会看到思想卓越的创立者们，一般都会拥有"大死而大活"的人生经历。

这种"大死"，是对一切的舍弃、一切的不执。因为他们知道一切本无可执，在生死面前有什么可以执着呢？没有任何东西可以！这样，他们才透达一切，穿越一切，那种本不可执的智慧、本不可执的光明、本不可执的能量才可以喷薄而出。

如果将王阳明也看为一代卓越领导者，那么他的光明领导力就是如此而来，这是远离一切贪求，虽然有成圣之念，但最终于无所得处而知道圣人本不可为，是经历各种颠沛流离，也将此心此身完全舍弃，甚至用这样的方式磨炼身心，内心已了无挂碍和悔意，本身的习性和障碍已经清洗殆尽之时，并且不再执取一切所谓的圣贤教言。凡此种种，才有可能让人透达本来、超越自身，也超越自心，成为光明领导者的坯子。

光明的实践

在今天，我们要成为卓越的光明领导者，依旧需要从心智之轮的三个方向去实践，去打磨。

首先，光明领导者要承担起企业领导者的责任。

企业领导者的责任核心就在于奉献和贡献，将身心奉献给自己所服务的事业和企业，奉献给自己所凝聚的员工，为他们提供支持和帮助，进而将自己的能力、智慧、才华奉献给世界。

在这一过程中，那些与生俱来的牢固的自我逐渐得以消散和瓦解，而自己的心胸会越来越宽广。而这本身就会让内在的光明得以升起，而不是靠什么独特的修行方式，任何禅修所得的境界可能也都是光影一闪的幻象而已。

古代禅师有"一片白云横谷口，几多归鸟尽迷巢"的开示。这个"白云"就是我们对于光明领导者或者成为光明的欲求。当白云横在那里时，这些飞鸟都已经找不到回去的路了，而回去的路本来就在那里，只是我们被这些表象和自己设置的条件所迷惑。但只有我们真正地舍弃身、舍弃心、舍弃这些欲念时，那片白云才可能烟消云散，而回家之路就在那里。

其次，光明领导者要能够从根源上化解冲突。

自己内在的冲突、企业内部的冲突、企业之间的冲突，都源于利益的纷争，而这些争执的根源在于内在的对立，有你、有我，有我们、有他们，有得、有失等等对立的观点。这也都是我们心智中的习惯性假设，这将我们分成这样的人群、那样的人群，持有这样的观念、那样的观念。而想要化解分歧、减少矛盾，就需要领导者能够从内在完整地对他们进行清洗，进行那种如"零"一般的冲洗，让他们重新回到"零"的状态。那是最富有原始能量的状态，也就如量子叠加态，它让一切得以清静。

而从言语上、从行为上帮助他人、帮助团队，这种行为既能够给予他人宽恕，也能够让自己从根源上不断地宽恕和原谅，这些都能使得这种与生俱来的对立得以瓦解和消散，最终让这种对立模式下的内在自我逐渐得以放松和消散。当这种对立感和自我感逐渐消散时，真正的内在光明也会升起。

最后，光明领导者要能够超越目标本身。

企业领导者被各种目标、各种意图、各种宗旨所束缚，即使那些宗旨看起来是好的，但企业领导者们也常常会成为它的奴隶，忘记了真正有活力的组织是那些可以释放自身的组织。

有时，目标可以辅助我们去实现整个路程中的最关键的里程碑，但许多时候，我们错用了目标，它便成为束缚他人，同时也束缚我们自身的绳索。这种时候，我们要敢于超越，不被那种目标感所驱使，明白自己想要前往的方向，既有方向感，同时又能够放开手脚去做，让组织内在的能量得以释放和发挥。

对自己也是如此，这样我们那种与生俱来的对自己的目标、成就、某种既定成果的过于执着的心态就会得到放松。但这并不意味着我们不懂得对目标进行管理，而是我们能够做到进退有余，在不同的阶段扮演不同的角色。

这种松弛就是对自我的松弛，就是对自我的解放，让我们根深蒂固的自我迷惑得以放松，进而消散。做到这一点也有助于我们内在的光明真正地升起。

释放企业，释放内心

企业领导者要与自己的团队荣辱与共。那么光明领导力的实践，就不只是个体的实践，而是在企业中的实践。光明领导者的自我释放，也就意味着企业的释放。

当企业领导者能够全然地打开自己时，也意味着他能够给企业解锁。企业为企业领导者提供平台去实践领导者的这些真知灼见。在这一过程中，即便领导者有错失之处，也都是对他们的一种提醒，一种能量回馈，让他们洞悉自己的习性和需要不断打磨与改善的地方。同样，获得的每个成就也是一种极大的能量回馈，让他们知道这些恰当的方式，正是迈向正确方向的里程碑。

企业中的每个个体与领导者之间也存在一种深层的联系，他们不仅仅是员工、伙伴，他们也是生命中的际遇，是领导者们成为光明领导者的提醒者、同路人，甚至可以成为领导者们打造光明领导力路程中的灯塔，让领导者看到自己，也看到未来的路。

这一过程将有助于光明领导者打造真正的社会型企业，使领导者将智慧、才华、能力和团队的能量都奉献给世界，而不只是狭隘地让我们变得更加拘谨，只追求短期的利润目标。

这一过程的实现需要长期的实践和坚持，许多时候领导者也许感觉很孤单，但如果他认为这是一条正确的道路，领导者就应选择不随波逐流，而是去披荆斩棘、面对困难。"德不孤，必有邻"，一定会有同路人和共行者在某个地方等待着他们，相互鼓励、一起前行。

世界需要的不仅仅是金钱、财富、物质、享受，更需要贡献、付出、和解、原谅、放手、放下，让世界更轻松一些，更丰沛一些，更博大一些，更宽广一些，让在其中生活的人们更愉悦一些，而这些目标的实现都源于光明领导者的实践，而组织就是让他的才华得以释放和实践的平台。他在组织中释放才华时，也就释放了自身，而想要真正地释放自身，就需要释放组织，这两者是一体的、无可分割的。

从能量层面，当我们进行这样的实践时，能量的标度已经变得不再重要，因为所有这些正向的指向都在迅速地拉升我们、提高我们，无论从个体层面、还是从组织层面都是如此。而我们能够超越那些负向的能量，进而可以向上跃升的根本动力，就源于我们不断地给予和贡献，不断地原谅和不断地放开，直到进入完全与世界融合的境界，也就是老子所说"挫其锐，解其纷，和其光，同其尘"，庄子所谓"为汝递于大明之上矣"。

这，也就是全然的自由和全然的无束缚。

后记

本书的准备和写作过程中，充满了乐趣，也充满了挑战。所幸在这一过程中，我可以借助大量前人的研究成果和当代最新科学、心理学，乃至文化领域的各种成果的帮助。

本书借助了三类重要的资源。

一类是基于高等物理学，尤其是量子力学方面的发展所带来的启发，以及心理学方面的研究给予的新的洞见。量子力学的基本实验让我们重新了解到认知和对象的关系，两者不再是过去的那种纯粹的主观和客观的关系，二者是融为一体的，这让我们开始重新审视曾经主流的观念，即意识与世界是割裂而对立的关系。这些实验同时说明，观测者本身决定了观测到的结果是什么，这意味着我们面对的是一个不确定的世界，而观测到的结果只是观测行为本身施加影响的结果。这打破了我们的确定性思维。

心理学的发展在相当长的时间内也遵循着主观与客观分离的假设，但诸多心理学家和临床应用心理学的治疗师，已经不断揭示出了人类的意识和能量之间的关联，并且开发出了诸如大卫·霍金斯的意识能量层级模型这样一个被实证研究证明过的结构体系，从而让我们有机会从一个统一和整合的视角来看待人类的意识、物质与能量，乃至人类意识的变化与物质世界的交互。这些探索和实践所带来的影响将是深远的，虽然在今天还没有被大多数人完全意识到，但它的潜在价值和光芒将在未来不断地彰显。

我接触到的第二类资源，是中国的传统文化和哲学，这是一个巨大的宝藏。

中国文化的主干儒、释、道系统中，蕴含着对于"如何成为一个合格领导者"这个问题有着数千年的探索，并且在浩如烟海的历史文献中蕴藏着大量的成败兴亡的案例，对他们的行为记录和经验教训做出了许多系统上的总结、哲学上的升华。

简单地讲，中国哲学始终强调贡献社会的善行和品行，并且将品行修养作为每个人日常行为的参考基础。中国传统的伦理规范所倡导的孝道、仁义等等，都是基于家族和朋友之间应该具备的品行的具体要求。

在今天，我们更加发现中国文化的精髓与现代社会的关联。一方面，它和我们现在正在探索的高等物理学、心理学有着很高的相关性，对于意识和物质、意识与能量之间的关系产生了某种深刻的契合，它同时也让充满了欲望、对立和执迷的当今世界找到了一味清凉的解药，而这对于每一位领导者重新回看我们的行为以及行为背后深层的心智模式也大有裨益。

尤其在当今时代，这些内在的心智模式通常不愿被触及，但这恰恰是我们个人尤其是领导者需要从内心深处发现、自省并加以改进的。否则，人类在欲求、对立和执迷的驱使下，只会做出更多糟糕的决定，并且付出更多惨痛的代价。

这种心智模式实践方法非常简单，这也是我在这些年的探索中发现的一个关键。真正可以入手帮助到每个人、帮助到每个领导者的东西并不复杂，它不再是那些理念性的东西，而是应该具有操作性，同时从根源上解决了我们的疑惑。这就是从贡献、原谅和放开入手，让每个人释然，成为更加开阔光明的领导者；也让组织释然，成为更加具有能量的领导团体。

在此基础上，我接触了第三类资源，就是我本人实践中的经验和感悟。我的工作是帮助客户在战略变革和转型中寻找方向。我的咨询和服务方式不同于传统顾问式的咨询，而是与客户共创可行的方式来解决问题：有的是长周期的共创式的项目，由若干个战略共创工作坊串联起来；有的是一两次的研讨会或工作坊；对于有些客户，我们也提供一些短期的培训服务。

在这一过程中，我发现真正行之有效的战略变革都与领导者的心智模式相关，也与团队的意识能量状态有关。这在一方面印证了我在探索中提出的各种观点和假设，同时也让我通过不断的实践提取出其中的基本原理。

我本人是这一过程最大的受益者。

过去几乎我参与过的每个项目都让我疲惫不堪，因为我深深地卷入了许多客户的负向能量场中。而在我掌握了这些新的方法之后，这一切发生了根本的改变。每个项目执行不仅变得越来越轻松甚至是愉悦，而且这也成为我对客户不断赋能的过程。这也是今天我实施各种项目的关键心法。这些心法和实践，就成为这本书的主干。

遗憾的是，现在真正地掌握这个窍诀并愿意对此加以推行和实践的企业家群体还没有那么多。借着本书的出版，我也邀请更多的企业家群体、领导者、专业人士能够加入进来，让我们的企业变革走上一条轻松光明的道路，让我们在这一过程中解放自身，使我们的生命活成一种更加豁达、宽广、光明的状态，也让我们的组织变得更加有能量和活力。这些都曾经是我们每个人的期望，但如果我们走在一条错误的道路上，这些目标是无法达到的。而今天，这条路已经清晰地在我们脚下出现了。

在本书行将付梓之际，我尤其要衷心地对我过去的老师们、同事们，还有在这本书的出版过程中给我提供帮助的诸多朋友表示感谢。我很幸运地遇到了许多杰出的导师、学者，本书中许多重要内容的源头，都来自他们的教诲和慷慨赠予，甚至一些基本的结构也来自他们。这多达数十位先辈和导师的名字无法一一尽述，我谨在此表达我最诚挚的感恩和谢意！我还要感谢我的太太马晖，她使我能够全身心地投入本书的创作中，无怨无悔地支持我；感谢我的助手鑫磊为我收集了大量的资料；更要感谢人民邮电出版社的编辑团队非常出色和专业的工作。

新的时代浪潮滚滚向前，从企业到人类社会都正在面临越来越多的挑战。在此过程中，我们越发依赖杰出的领导者带领大家真正地克服这些深层的危机和困难，我们更依赖光明领导者带领我们探索新的方向。希望本书的出版能对人类的福祉、和平和每个人发自内心的光明有所助益。是为至祷。

参考资料

1. 彼得·德鲁克，管理（上、下）（M）.辛弘 译.北京：机械工业出版社，2018.

2. 彼得·德鲁克，成果管理（M）.朱雁斌 译.北京：机械工业出版社，2016.

3. 彼得·德鲁克，卓有成效的管理者（M）.许是祥 译.北京：机械工业出版社，2019.

4. 托马斯·皮凯蒂，21世纪资本论（M）.巴曙松等 译.北京：中信出版社，2014.

5. 弗雷德里克·莱卢，重塑组织（M）.进化组织研习社 译.北京：东方出版社，2017.

6. 大卫·霍金斯，意念力（M）.李楠 译.北京：光明日报出版社，2014

7. 丹娜·左哈尔，量子领导者（M）.北京：机械工业出版社，2018.

8. 玛格丽特·惠特利，领导力与新科学（M）.北京：中国人民大学出版社，2008.

9. 詹姆斯·M.库泽斯，巴里·Z.波斯纳，领导力（第六版）（M）.徐中等 译.北京：电子工业出版社，2018.

10. 埃德加·沙因，组织文化与领导力（M）.马红宇等 译.北京：中国人民大学出版社，2011.

11. 华为大学，熵减：华为活力之源（M）.北京：中信出版集团，2019.

12. 奥托·夏莫，U型变革：从自我到生态的系统革命（M）.邱昭良等 译.浙江：浙江人民出版社，2013.

13. 琳达·埃利诺等，对话：变革之道（M）.郭少文 译.北京：教育科学出版社，2006.

14. 萨提亚·纳德拉，刷新：重新发现商业与未来（M）.陈召强等 译.北京：中信出版社，2018.

15. 贾尼思·马图雅诺，正念领导力（M）.陆维东等 译.北京：机械工业出版社，2018.

16. 亚伯拉罕·马斯洛，马斯洛论管理（M）.邵冲等 译.北京：机械工业出版社，2007.

17. 冯友兰，中国哲学史（M）.重庆：重庆出版社，2009.

18. 王阳明全集（M）.上海：上海古籍出版社，1992.

19. （宋）释道元，景德传灯录（M）.四川：成都古籍出版社，2000.

20. 迈克尔·桑德尔，民主的不满（M）.曾纪茂 译.北京：中信出版集团，2016.

21.《金融时报》中文网.

22. 毛佩琦，明朝十七帝（M）.北京：光明日报出版社，2006.

23. （唐）魏徵等，群书治要（M）.北京：北京理工大学出版社，2013.

24. 盛洪，中国与西方是如何分道扬镳的(J).北京：读书，2014 年第 5 期.

25. 库朗热，古代城邦（M）.谭立铸等 译.上海：华东师范大学出版社，2006.

26. 曼吉特·库马尔，量子理论（M）.包新周等 译.重庆：重庆出版社，2012.

27. 保罗 R.尼文，本·拉莫尔特，OKR：源于英特尔和谷歌的目标管理利器（M）.况阳 译.北京：机械工业出版社，2017.

28. 文小刚，量子革命是最不可思议的物理学革命，科学网，2019.

29. 南怀瑾，如何修证佛法（M）.上海：复旦大学出版社，2016.

30. 尤瓦尔·赫拉利，人类简史（M）.林俊宏 译.北京：中信出版社，2017.

31. 许正，轻战略：量子时代的敏捷决策（M）.北京：机械工业出版社，2019.

32. （明）朱棣，金刚经集注（M）.上海：华东师范大学出版社，2016.

33. David R. Hawkins, *POWER vs. FORCE*（M）.Hay House Inc.，2013.